1日3食、糖質は大敵、30万人の証明！

どんな腰痛も食べ方を変えれば治る！

整体師 米澤浩
Yonezawa Hiroshi

さくら舎

はじめに

これまで私がみさせていただいた方は30万人を超えています。

セミナーの参加者は5000人超えで、毎年増え続けております。

3年前から始めていたYouTubeの動画配信も、昨年より多くの方が見に来てくださり、現在は登録者数10万人超、動画によっては300万回再生を突破しており、「米澤浩ちゃんねる」で私のことを知ってくださった方も多いようです。

最近は、動画を見てご自身の健康管理上の間違いに気づいたという方とか、洗腸や食事改善などのアドバイスを実践してみたら、体調がすごくよくなったという方が増えてきております。

その中には、人生観が変わったとか、生き方が変わったとか、そんなふうに言ってくださる方もいて、大変うれしく思う半面、発信する側の人間として責任を重く受け止めております。

YouTube「米澤浩ちゃんねる」では、仕術を受けた方の痛がる様子が反響を呼んでいるようですが、これはまったくの想定外。

動画を面白くするための演技なのではと言われる方もいらっしゃいますが、あれはパフォーマンスやエンターテインメントではなく、正真正銘のリアル。痛がるリアクションは自然なものです。

動画への反響はともかく、皆さまにお伝えしていることは終始一貫していて、私が皆様を〝なおす〟ことはできないということです。

人は自分自身の能力で、自らを治すことができ、仕術後、体のよくなった人は、結局自分の力で治しているのです。

私が行っていることは、ただのきっかけにすぎず、皆さまが自力で治るためのお手伝いをさせていただいているだけです。

実際に私の仕術を受けられた方、動画をご覧いただいただけの方、いずれにしましても私となんらかのかかわりをもって、体調を改善された方というのは、自分自身で意識と行動、そして環境を変えられた結果であると信じています。

最近は「人を頼るのではなく、自分の意識が大事なんだということがよくわかった」というコメントを動画内に残してくれたり、直接言ってくれたりする方が多くなり、本当にうれしく感じています。

さて、今回の本のテーマは、「腰痛」を治す方法です。

２０１９年に厚生労働省が実施した調査では、腰痛に苦しんでいる日本人の数はおよそ３０００万人もいるそうです。

本当に多くの方が苦しんでいる腰痛ではありますが、人はなぜ腰痛になるのか？

その原因は、はっきりと特定されてはいないそうです。

では、どうすれば、腰痛は治るのか。いや、そもそも治せるのか。

ひとつ原因を申し上げますと、始まりの鍵は腸だと考えています。

腸が原因とは意外ですか？　思ってもいなかった方は多いのではないでしょうか？

事実、腸内環境を整え、そして〝腸の重力干渉〟を減らすことで、腰痛を劇的に改善される方がほとんどなのです。

ではなぜ腸が腰痛のキーポイントなのか、その理由と腰痛の改善方法をお伝えしていきます。

目次◆どんな腰痛も食べ方を変えれば治る！
——1日3食、糖質は大敵、30万人の証明！

はじめに 1

第1章 これが腰痛発生のメカニズムだ！

腰痛の仕組み 14
ぎっくり腰 20
原因は〝腸〟 24

滞留便が悪さをする 28
痛みに対する日本人と欧米人との違い 33
子どもの腰痛もち 35

第2章　どうすれば腰痛を治せるか

オススメの改善方法①――食事 40
オススメの改善方法②――断食 47
オススメの改善方法③――洗腸 54

第3章　セルフケア

セルフケア①　上体反らし　62
セルフケア②　上体伸ばし　65
セルフケア③　ベビーウォーク　68
セルフケア④　腹筋を使う　70
セルフケア⑤　腰回し　72
セルフケア⑥　四股立ち　74
セルフケア⑦　かかと整体　76
セルフケア⑧　仙骨　82
セルフケア⑨　予防・前屈運動　88

第4章　米澤流健康の秘訣

米澤流仕術　92
股関節の話　98
スポーツ選手　101
ストレッチの弊害　104
股関節とふくらはぎ　108
やわらかいベッド　110
呼吸と姿勢の話　113
歩き方のポイント　117
メンタルの要素　121

人生哲学　125

第5章　さまざまなケース

CASE1――ヒザの痛みを抱えた男性　132
CASE2――パーキンソン病の女性　135
CASE3――〝滞便〟女子　139
CASE4――クラシックバレエの先生　142
CASE5――パスタお化け　144
CASE6――米澤流健康法で性格が変わった　149

おわりに　153

どんな腰痛も食べ方を変えれば治る！

――1日3食、糖質は大敵、30万人の証明！

第1章　これが腰痛発生のメカニズムだ！

腰痛の仕組み

腰痛とはどのようなメカニズムで発症するのでしょうか？

医学的な定義としては、なんらかの原因で椎骨や軟骨が本来あるべきポジションから変移して（ズレて）、神経が圧迫されることで腰痛が起こるということだそうです。

ん？　なんらかの原因って何？　なぜ椎骨や軟骨が変移するの？

たしかに加齢などさまざまな原因はあるでしょう。

でも、結局は自分の体重を自分で支えきることができなくなり、背骨に大きな負担がかかっていることに起因しているのです。

まず我々は骨を軸として体を支えています。骨はそれ自体に可動機能がありませんから、骨が倒れないよう、まわりをおおう筋肉がバランスをとっています。

しかし、体の中心には体を支えること以外を目的とした器官があります。

それが腸です。消化・吸収・排泄を目的としたこの器官は、小腸だけで約6～7メートル、小腸の内側の面積はテニスコート１面分以上の広さといわれていますが、骨と同様にそれ自体を支える機能はありません。

ではどのように腸が支えられているかというと、腸をおおう腸間膜が周囲の組織（筋肉やじん帯）とつながっていて、それらが椎骨といわれる骨が積み上がった背骨にぶら下がっているのです。

その状況を理解していただいた上で、話を続けます。

体のバランスを、背骨を中心に考えたとき、人間は前面の方向に荷重がかかっています（前体重）。つまり、体の前と後ろでは、前のほうに重さが偏っているのです。

ですから、足の甲の部分が後ろではなく、つま先側に伸びているのです。

バランスよく立てるように、足の裏は体を真っ直ぐに保つバランサーとして、前側に寄った体重をかかと側に返すことによって重力に対抗、上方向に向かう反力を生みだす微調整を常に行っています。

しかし、体に過度の負荷をかけ、そのバランスを崩しているのが腸なんです。

腸というものは、通常、骨盤の中にきれいに収まっているものです。

骨盤とはいわば腸を収める器のようなものです。

しかし、なんらかの原因で重く広がった腸は、骨盤からはみ出て、前下方向への荷重をより大きなものにします。

骨盤は器だとお伝えしました。中身が偏るだけでも器は傾きますが、それを通り越して中身がはみ出してしまえば器はひっくり返ってしまいます。

ひっくり返らないよう骨盤を傾ける荷重を支えているのが腸の後方にある背骨です。繰り返しますが、腸と背骨は間接的につながっています。

筋肉やじん帯のつながりを通して前下方向へ引っ張る力を、テントの支柱のように背骨が支えているのです。

テントであれば生地を四方へ張ることによって張力が分散され、中心の支柱は安定します。しかし、腸の重みによって一方向へかかり続けた荷重は、背骨の一点に負担をかけ続けます。

長い時間、その負担がかかり続けることによって、ついには背骨が変移、つまりズレてくるのです。特に負担が大きいのが3番、4番、5番の腰椎で、痛みを強く感じるのは４番の上下が多いように感じます。

そうすると変移を固定するために、その周辺の筋肉やじん帯が硬くなります。人体は自然と硬い状態でフィックス（固定）していくのです。

硬くなることによって、骨と神経周辺の可動域が狭まり、さらに上下から圧迫され変移した椎間板と当たり、痛みが生じてくるというわけです。

もともと人体というのは、神経のみならず全ての箇所に可動域があります。その範囲内であれば、多少ズレたとしても神経と椎間板の接触は回避できるものです。回避できないのは、体が硬くなって可動域が制限されているからです。

たとえば、柳の木には、しなやかさがありますよね。風が強く吹いても、何か硬いものがぶつかっても、ある程度しなりながらその衝撃を自らの柔軟性の中に吸収します。

一方、コンクリートで造られた建物は硬くて頑丈ですが、しなることはなく、折れるときはバキッと見事に折れますよね。しなやかさ（遊び）があるほうが、強いのです。人の体も同様です。

腰痛の仕組み

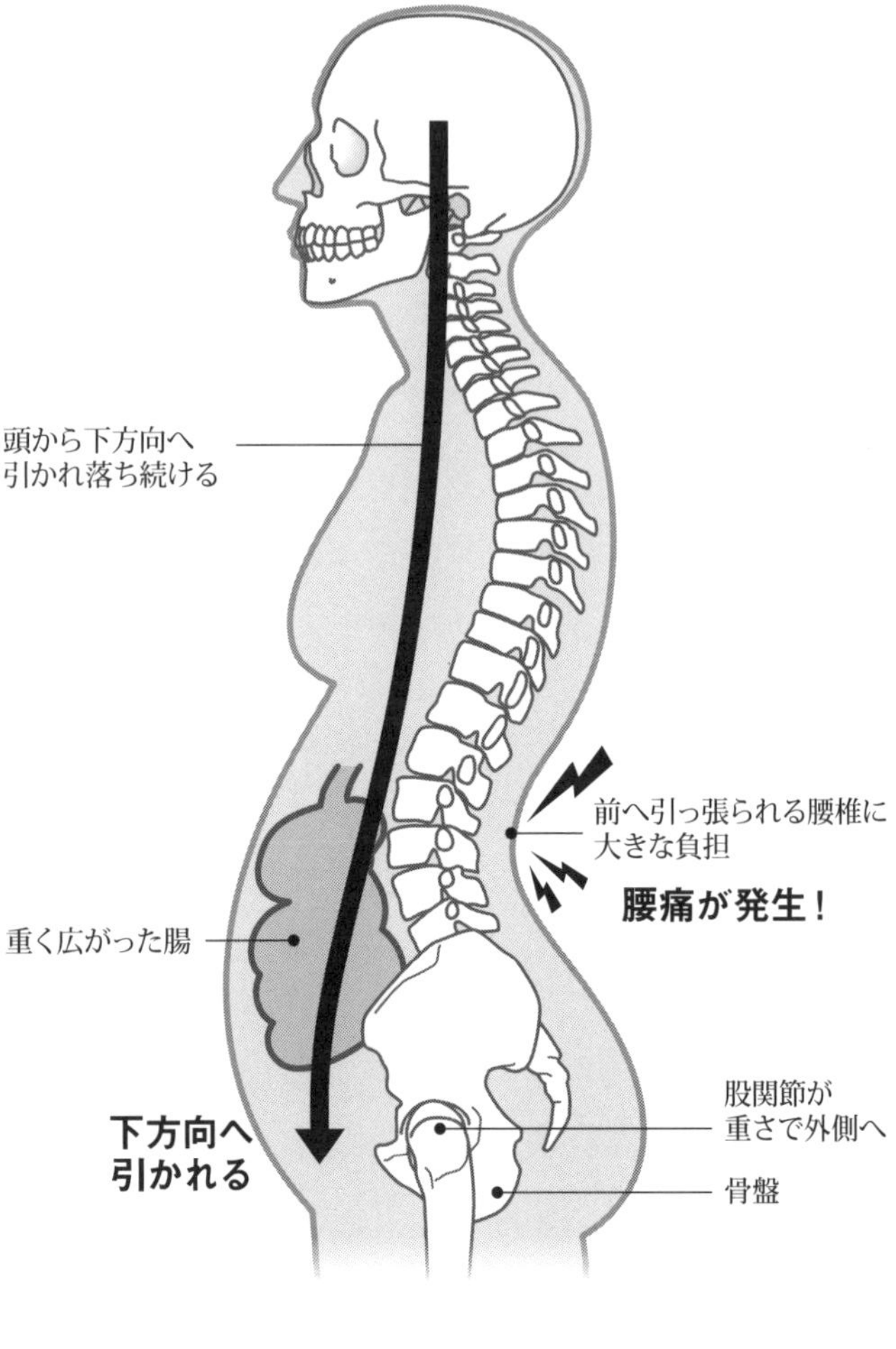

頭から下方向へ
引かれ落ち続ける
前へ引っ張られる腰椎に
大きな負担
腰痛が発生！
重く広がった腸
股関節が
重さで外側へ
下方向へ
引かれる
骨盤

◆ 脊柱の仕組み ◆

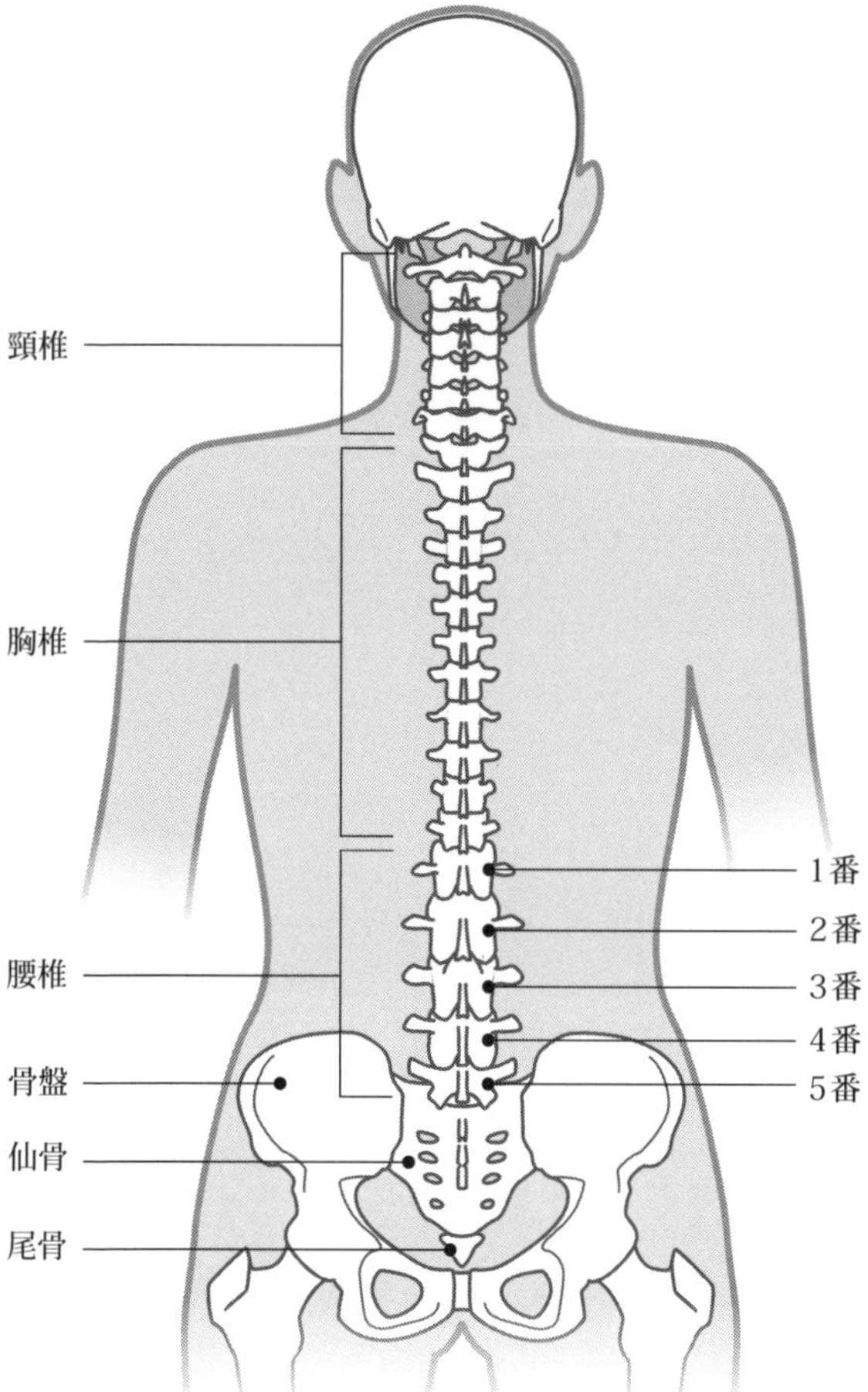
頸椎
胸椎
腰椎
骨盤
仙骨
尾骨
1番
2番
3番
4番
5番

ぎっくり腰

腰痛というのは、経年でずっと腸の重さに背骨が引かれ続けて変移した結果として起こる痛みです。

ぎっくり腰は、あるとき突然になるから、この説明には当てはまらないとお思いになる方も多いでしょう。

でも、決してそんなことはありません。

その変移が急激に大きくなったときの症状が「ぎっくり腰」です。

腰や背中に力が入っているときは、急激にぎっくり腰にはなりません。

その力がふと抜けたその一瞬、筋肉がゆるんだ状態のときに起こります。

くしゃみをしたときは、強い力で筋肉が硬くなりますが、その次の瞬間は脱力に近い状態になります。

その瞬間に腰骨が急激にズレて神経を圧迫、強い痛みとなるのです。

筋肉を硬くし、ギリギリのところで保っていた腸の重さと腰椎の引っ張り合いのバランスが、くしゃみという強制脱力で筋肉が使えなくなった瞬間、突然崩れるわけです。

人の体というのは、一度ズレて痛みが出ると、患部を守るために筋肉を固めます。しかし、それはズレた状態を固定することになるので、皮肉にもズレた状態が維持されてしまうのです。

先の例でいうと、しなやかさを持った柳の木ではなく、一見頑丈だけど柔軟性に欠ける、実はもろいコンクリート建物の状態に体がなっているということです。

それは、何か突発的なことがあれば壊れる可能性にある危ない状態ともいえるでしょう。

お子さんをお持ちの方は経験があるかと思うのですが、子どもの小さい頃って親の状態にはお構いなしに、いきなりジャンプして飛びついてくることがありますよね。

親は危ないと思って、ぎゅっと抱きかかえようとします。

しかし、子どもも3歳くらいになると10キロ近い体重があります。

10キロの重さを、予期せぬタイミングでいきなり支えることになったら、腰への負担はかなりのものです。

そういうときに、ぎっくり腰になる方も多くいらっしゃいますね。

しかし、腰まわり、背中まわりがやわらかく、普段から筋肉を固めず、柳の木のように体に柔軟性がある方の場合はどうでしょうか。

突発的な重みに腰椎がズレるのは、体の硬い人と同様ですが、体にしなやかさがあるので、神経と骨が接触することがなく、痛みが生じることが少ないのです。

柳の木のような柔軟さでその衝撃を吸収してしまうのです。

腰椎が一瞬ズレても、神経の可動域に遊びがあるので、痛みは出ず、短時間で元のポジションに戻っていきます。

しかし、日ごろから神経の可動域に遊びがない状態が維持されている体の硬い方は、ゆるんだ状態のとき、予期せぬ突然の重量負担に腰椎がズレて痛みが発生します。まるでコンクリート建物にひびが入るように……。

そして、腰椎は本来の位置へ戻ることもできません。

ぎっくり腰になったとしても一日、二日動かず、負担をかけずに横になっていたら、なったときよりは筋肉が固まるのでよくなるというか、痛みがやわらぎ、動ける場合もあります。

でもよくなることは少なくありませんか？

動けるようになるということと、よくなるということとはまったく別の話。

しばらく体を動かさずにいれば、よくはならないにしても、なった瞬間よりも少しは馴染んできて、「これなら職場に行けないこともないかな？」という程度の痛み加減にはなりますが、それは、ズレた状態のままで体がバランスをとりはじめ、痛くない体勢を見つけただけで、今度は他のところに負担がかかってきます。

まあそれでも、とりあえず生活できる程度には、なんとか動けたりもしていきます。

崩れたなら崩れたなりのバランスをとるのは、人体のメカニズムの素晴らしさともいえますが、根本治癒につながらないという意味では厄介なことかもしれません。

原因は〝腸〟

冒頭で、腰痛の原因の一番のキーポイントは〝腸〟だとお伝えしました。

本来、腸は骨盤の中に収まっていますが、肥大して重くなり下垂した腸は、骨盤からはみ出しています。

仮にはみ出さないまでも、体の重心を下方もしくは左右に広げて、背骨、特に腰まわりに過度の負担をかけています。

お腹がせり出している方は、今現在、痛みがあるかどうかはともかく、腰痛の予備軍で、たいてい腰のまわりや腹まわりに多量の脂肪がついています。

では、お腹まわりに脂肪がつくのはなぜでしょうか？

本来、脂肪には一定の保温効果があり、筋肉や内臓を冷やさないためについています。

腸は生命維持にきわめて重要な器官ですから、腸の温度を一定に維持するために周囲に脂肪が巻くようについて保温しているのです。

お腹のせり出している方は、それだけ腸の温度が下がるリスクも大きいということです。

では脂肪をまとわなければならないほど、腸を冷えた状態にしているものは何か？脂肪で冷やさぬように保温していても、なお腸を冷やし続ける物体……それは出せずに溜め込んだ〝便り〟です。

長きにわたり出されることのない〝滞留便〟が腸から熱を奪っているのです。

便は決して体の一部などではなく、ただの異物です。

当然のことながら、熱を発することはできず、その温度を維持することすらできず、ただ重く、熱を奪うのみです。

しかし、排泄のときに、便が冷たいということはありませんよね？

それは皆さんの体がその物体を温め続けているからです。

その証拠に、お便りは体外へ排出されて、そのまま外気にさらされていれば冷えて固くなります。

先ほどお伝えしたように、腸は生命維持にとても重要なもの。

冷えた状態のままでは正常に機能せず、健康はおろか生存そのものに支障をきたします。

そして、便が自分で熱を生み出すことがない以上、その便を内包したまま、便の分を含めて腸を温め続ける必要があります。

しかし、人が発することのできる体温維持のエネルギーは一定です。

そのため、腸の温度を便とともに維持するための熱を体のどこかからもってこなければなりません。

具体的には血液を腸に集め、腸の温度を上げるのですが、その一番の犠牲となるのは末端。そう足と手です。

結果、末端冷え性の発現となるわけです。

体全体が太っているわけではないのに、お腹だけぽっこりしている女性は多くいらっしゃいませんか？

そんな彼女たちに共通している症状は手先、足先の冷え。

さらに共通していることは腸の不調、便秘ではありませんか？

冷え性の一因は、滞留便の存在です。

腸を温めるために、手足の末端から血液（温度）を集めると同時に、腸を冷やさぬように脂肪をお腹まわりにまとう。

便は決して自ら温度を上げることはできません。

そして、量が多いほど腸の温度を奪い続けます。

だからこそ生命維持のために、体は末端の血液の流れを制限して腸へ送り、お便りとともに温度を上げ、冷やさぬように脂肪でくるむようにして腸を守るのです。

滞留便が悪さをする

お便りが快調な方は少なからずいらっしゃいます。

腸内に滞留する出待ちの便が少ない人。

そのような方は、腰痛にはなりにくいようです。

私がみている方に便の排泄の状態を聞くと、多くの方は「快調」とおっしゃられます。

排泄のタイミングは、食べた後なのか食べる前なのか、朝起きてからか夜寝る前か、を質問すると、多くは食べた後しばらくして、お便りがあるといいます。

これは、食べた分だけ押し出されてきているということが考えられます。

入った分が出ただけ。つまり、もともと体内に残っていた滞留物の量は総量としては変わっていないというわけです。

出待ちの滞留物は、家の水回りでいえば、いわばパイプの詰まりとなる、ドロのようなものです。

新築の新しい家のパイプは汚れがなく、水がよく流れます。しかし、何十年と住んでいる家は、ゴミや髪の毛などいろんなものが洗面台のパイプに入り込み、水の流れが悪くなります。

もちろん劣化したパイプは廃棄物などがこびりつき、狭くなってきます。

水が流れないほどに詰まっているわけではないけれど、ドロの蓄積はやがてパイプの詰まりを引き起こします。早くに取り除いたほうがいいですよね。

男性でも女性でも、一見痩せている方でも、腰痛もちの方はいます。

そういう方は出待ちが滞っている可能性が高いです。

特に女性は男性より体が細く、筋肉量も少ないので、腰椎にかかる負担は大きいです。

たとえば、１キロの出待ちが、お腹の中にあるだけで、腸の体温を奪い続け、また、その重さにより骨に必要以上に負担がかかり腰痛を誘発します。

健康な方でも平均３キロはあるようです。

ペットボトル２本分がお腹の中にあるわけです。日頃から体を鍛えハードトレーニングを重ねていらっしゃる方は、お腹が引き締まった方が多いです。

しかし残念ながら、そういう方こそ腰痛もちは多いようです。

過日、トレーナーと一緒に当舎（世田谷療舎）へお越しいただいたプロスポーツ選手の方は、全日本のトップ選手でした。

太ってても痩せてもいない、引き締まった体つきでしたが、手術したものの足首の痛みがとれず復帰するための調整をご希望でした。

その方はヒザ下の脛骨という骨に寄りそう腓骨という骨と足首の状態が悪く、足を地面に着くことができなくて、ずっと練習を休まれていたそうです。

お腹と股関節をみてみると、出待ち量がかなりあることがわかりました。

その重さが股関節に負担をかけ、足首周辺の痛みにつながっていたようです。

その旨をお話しし、出待ちを送り出すためのアドバイスをいたしました。やはり腰痛も深刻のようでした。

多くの方のお腹をみさせていただいておりますが、出待ちの少ない方はほとんどいらっしゃらず、そのほとんどの方が腰痛をお持ちでした。

出待ちが一度溜まりはじめると、なかなか出てくれるものではありません。

腸を洗浄し、出待ちを洗い流す洗腸という方法があります。

私自身、20年近くほぼ毎日洗腸を続けておりますが、腸の感覚が鋭くなってきて、半年も続けていると、洗い流しきれない残留感が不快に感じられるようになります。

私は洗腸を続けているうちに、腸のある部分に出待ちと思われる硬さがあるのに気付きました。

いろいろと試してみたものの長い時間出すことができず、難儀しましたが、1時間程度の格闘の末、それが一気に抜けて不快感がなくなりました。

そのとたんお腹が軽くなったと感じたのですが、そのときにどれほど体重が減ったと思いますか？

答えは1・5キロです。それまで毎日、1・5キロの荷物をお腹の中に入れて生活していたのです。

健康な方でも3キロの出待ちがあるとお伝えしました。

お会いした方に、痩せなさいと言ったことは一度もないんですよ。

お伝えしているのは、痩せなくてもいいから、お腹の中にある重さを減らしてください、ということです。

1キロ痩せるのは大変ですが、1キロの便も出すのは早くて1回です。

肝心なのは、体重ではなくて、腸内の出待ちの量がどれほどなのか？ ということなんです。

体重に関係なく、仰向けになったときに、お腹の形が立っているときと変わらない方がいらっしゃいます。人によっては、お腹が尖っていたりします。

ふつうなら仰向けになると重力で広がり、お腹はへこみますよね？

ではなぜ形が変わらないのか？

それは腸の中に形の変わらない物体があるからです。

その物体を処理しないと根本的な解決にはいたりません。

痛みに対する日本人と欧米人との違い

欧米人にも腰痛の方は多くいらっしゃいます。

肩こりもそうです。

これまで、肩こりのない欧米人とか外国人にお会いしたことはありません。

彼らは痛みに対して、日本人より敏感です。

イギリス人は痛みに弱いので、痛みを入れる足ツボなどは嫌われて、リフレクソロジーやマッサージなどソフトなものが定着したのです。

しかし彼らのほとんどは腰痛を抱えておりますが、それをあまり自分自身で認識できていません。

なぜなのか？

彼らは甘いものが好きですが、糖は摂取すると、末梢神経が鈍くなります。それが多量となると全身に広がり、不調に対して鈍感になってしまいます。

自分の体の状態を正確に認識できないのは、そういう理由もあるでしょう。

ただ最近は、糖に対する認識が少しずつ変わりつつあるようです。

諸外国の一部では砂糖が課税対象になるなど、嫌糖者も増えてきているようです。

外国の方は、ある意味とても純粋で、砂糖が健康にとってよくないという情報が広まってからは、断糖に切り替えるのもまた早いようです。

日本人の場合、砂糖そのものはもしかすると欧米ほど多く摂ることはなさそうですが、炭水化物を糖として認識すると、欧米人よりかなり多く摂っていますよね。

戦後GHQがトラックいっぱいのチョコレートを日本人に配って、アメリカ人に対する認識が大きく変わったようですが、それほど砂糖の洗脳力は強いものです。

砂糖の摂取量も減り、アメリカではがんになる人が減ってきている中、日本は、世界一のがん大国にあげられる様相です。

子どもの腰痛もち

本来、子どもにはあまり腰痛はみられないものです。

それは、子どもの体が筋肉もじん帯もやわらかく、体全体に柔軟性があるからです。

しかし、最近は子どもたちにも腰痛が増えてきているようです。

今日までに来舎いただいた腰痛の最年少の方は５歳でした。

お腹が異常に硬く、かなり腸の具合も悪いご様子。

もちろん甘いものが大好き。脱腸も併発しておりました。

親御様がお菓子を与えすぎ、ほんの少しの待ち時間でもチョコを食べているほどの糖質依存のようでした。

体質的に腰痛になりやすい方というのは、糖依存の方が多いですね。

幼い頃から糖質を多く摂られてきた方は腰痛にもなりやすいです。

糖を多く摂取すると、筋肉が硬くなる傾向があります。

糖はたんぱく質と癒着しやすく、そうなると血流が制限され、筋肉は冷えて硬くなります。

意外と思われるかもしれませんが、みせていただいたときに、腰痛の有無を聞いてみますと、「腰痛はありません」という方が少なくありませんが、腰の筋肉に触ると激痛に体をゆがめるのです。

かくれ腰痛者ですね。

そもそも腰痛を認識できていない方は多くいらっしゃいます。

その多くは不具合の認識がなく生活にも支障はございませんが、ほんの少しのきっかけで大きな不具合を発症される方が多いのです。

腰に限らず不調の症状の多くに対して、痛みが出たときに急に悪くしたと思われる方が本当に多いのです。

ですが、その症状、不調の始まりは、その痛みが出るずっと前から起こっているんですね。

股関節も同様です。

股関節に不調も痛みも感じていない方が、（私が）股関節に手を乗せるだけで痛がることは多いです。

なのに、ご自身の不調を自覚していない方が実に多くいらっしゃる。

人はその状態に長くあれば、それを正常と認識するものです。

よくいう現状維持バイアスです。

大きな変化をストレスと感じて嫌うのです。

そして小さな変化には気がつかずに過ごす。

それはストレスを嫌う生命としては当然のことですが、それが良くも悪くも多くの症状に影響しているようです。

感覚が鈍くなる大きな原因の一つが前述した「糖」、糖質ですね。

多くの方は甘いものをいただくと、脳の報酬系が刺激され、幸せな気分になりますよね。

俗にいう「セロトニン」が分泌されるのです。

同様のことが小麦や炭水化物など穀類を摂った際にも起こります。

試しに食事の後、1時間くらいしてから左手の人差し指と親指の根元の皮膚を強めにつまんでみてください。

痛みはありますか？

あるならひとまず問題はありませんが、痛みがない方、これは末梢神経が麻痺している可能性があります。

なぜ？

実は糖を多く摂取した際に、セロトニンのほかに脳より排出される物質があります。

それは「エンドルフィン」。脳内麻薬といわれるものです。

格闘家やスポーツ選手らは競技中に負傷しても痛みを感じていないことがありますが、それは脳内麻薬の影響といわれています。

糖を摂取することにより、エンドルフィンが体の感覚を鈍らせる。

糖の摂取には、やはり注意が必要なのです。

第2章　どうすれば腰痛を治せるか

オススメの改善方法①――食事

腰痛の原因として、便りの滞りによってもたらされている腸の重さが、大きな理由の1つであるという話をさせていただきました。

では、どのように過ごせば便りを滞りなく出せるのか？　腸の環境を良好に保てるのでしょうか。

その改善方法の1つは食事です。

日頃の食事で何をどれだけ食べているかが大事になります。

食物繊維を多く摂られている方は、腸内の交通整理がちゃんとできていて、スムーズに流れていく傾向にあります。

逆に、腸内の渋滞を起こしやすい食べ物の代表としては小麦粉、炭水化物が挙げられます。

炭水化物でなくとも、糖分っていろんな料理に入っています。

コンビニやスーパーに並んでいる食品の裏面の成分表には、必ずといっていいほど糖分の名が書かれています。

糖を避けて、食事するのは現代においてはなかなか難しいものがありますね。

炭水化物（糖）の問題点の１つに、消化吸収が悪いということがあります。

その点、肉はかなり消化されやすいのです。

ただし、肉は酸化もしやすいですけれどね。

少し汚い話ですが、たとえば歓楽街や、終電近くのホームにはたまに吐しゃ物がありますよね。

その吐しゃ物の中に、肉の塊があるのを見たことがありますか？

一緒に食されているのだと思いますが、記憶にあるのはご飯とかめん類じゃないですか？

それほど炭水化物は消化されにくいのです。

しかも消化されにくいということは、腸内に残留しやすいということでもあります。

腸に残留した炭水化物（糖）は、パイプを詰まらせるというか、本来、腸が行いたい消化吸収の働きを阻害するのです。

残留した炭水化物（糖）がだんだん固まってきて、どんどん腸に蓄積圧力がかかり、重く下垂していきます。

炭水化物の中でも小麦粉は本当に厄介で、特に小麦粉の成分のグルテンというのは、いわば糊《のり》なのです。

北国で油、特に冬に灯油をこぼした際に活躍するのが小麦粉です。

小麦粉は油の吸着がすこぶるよくて、灯油をきれいに掃除することができます。

グルテンは、あたかも北国で灯油を吸着するように、腸内の油を吸着し固まります。

そして、消化吸収を妨げ、腸の粘膜に微少な炎症を引き起こします。

さらにいえば、炭水化物は食べた瞬間、飢餓遺伝子にスイッチが入り、食べた瞬間にお腹がすくようになっているという説もあります。

お菓子が食べはじめたらやめられないのは、単純に美味しいからだけではなく、そういう理由もあるようです。

腸の不調による症状の中に、リーキーガット症候群というものがあります。

これは腸壁に傷がついて穴があき、腸の内容物が漏れだして体内に侵入し、アレルギーなどさまざまな疾患を引き起こす病態で、近年注目を集めています。

また、リーキーガット症候群になると、食欲がコントロールできなくなって太りやすくなります。糖尿病の原因にもなるといわれています。

このリーキーガット症候群になるにはさまざまな原因が考えられますが、特に注意すべきなのは糖質の影響です。

吸収されず腸内にとどまった糖質は悪玉菌のエサになり、腸内細菌のバランスを大きく乱すのです。

腸の働きが悪くなり、蠕動《ぜんどう》作用が落ちると、有害物質が停滞して腸内の腐敗が進みます。

近頃では、がんの栄養分が炭水化物であるという説も出てきています。

炭水化物をよく食べる日本人は、２人に１人はがんになるともいわれています。

胃の中で糊状になり、やがて、腸壁にべったり付着する炭水化物。

それが何年間もの間、蓄積されたとしたら、人体にとって有益に働くものでしょうか？　ということです。

ちなみに、糖質はタンパク質が熱を持って燃やさなければ、なくなりません。

そして糖は燃え残りやすい物質です。

まったく食べてはいけないとはいいませんが、炭水化物や糖というのは、摂取量を十分に注意する必要があるといえます。

食べ物というのはけっこう難しいものがあります。

健康にいいといわれている、牛乳や豆乳、納豆なども健康にとってパーフェクトというわけにはいきません。

朝にバナナを食べている方も多いと思います。

健康な朝の食事のイメージがありますが、個人的にはあまりおすすめできません。糖を多く含んでいますから。おにぎりも同様ですね。

朝というか、午前中は極力食べないほうがいいです。

どうしても朝に食べるなら、バナナより生野菜、葉物のサラダですね。

夜は寝る3時間前までに食べ終わったほうがいい。

そして、どうしても糖質を摂るなら、吸収率が下がるといわれる夜ですね。

ですが、夜間は消化力も鈍くなるので、摂らないにこしたことはありません。

正直、糖質を摂るのも病気がなければいいんですが、栄養過多の現代人のほとんどが、糖尿病など何かしらの病気の予備軍だという状況があります。

いろいろ食べ物に関してダメ出ししてしまいましたが、それでも、人は何かを食べていかなければならない。

では何を食べればいいのかといえば、どんなものでも少量であればいいと思います。

そもそも過食が一番の問題なんです。

私自身の場合、１日に２食以下。食べる量は腹３分目くらいです。

いかにも健康によくないものは外して、それ以外のものであれば量をコントロールすればいいと思います。

健康な人の場合はだいたい腹６分目以下です。

それで、やっぱり１日２食以下ですね。

あえてオススメの食事をあげるとすると、生野菜を塩コショウと油で軽く味付けしたものなんかはいいと思います。

油は亜麻仁オイルとかオリーブオイル、もしくはココナッツオイルやＭＣＴオイル等の中鎖脂肪酸を含むものが脂肪燃焼効果の面からオススメではあります。

ちなみにココナッツオイルは認知症にも効果が期待できるといわれています。

オススメの改善方法②——断食

出待ち改善、腸内環境改善において、食事（何を食べるか）が重要であることを前項でお伝えしました。

もう一つ具体的な方法が断食です。

出待ち滞留をなんとかするのには、まず腸の機能を回復させないといけません。腸の機能を回復させるためには、「入れない」ということも大事になってきます。

じつは、断食は腰痛のみならず、さまざまな体の不調を整える効果があります。

食生活の話は多岐にわたり、メック食であるとかパレオダイエットであるとか低糖質とかいろいろあり、その上さらにややこしいのが人によって向き不向きがあるということです。

要するに、それぞれの食事療法にそれぞれ利点があるとしても、すべての人にあてはまるというわけではないということです。

ただ腸の負担を軽くして、体に任せてみる方法は多くの人にとって有効で、それが断食なのです。

もちろん、断食をしたからといってすべての不調が治るかといったらそうではないのですが、入る量が少ないから体の処理能力が上がるということはいえます。

新たに体に入って来るものに対して処理する必要がないので、今、体の中に残っているものを処理することができるわけです。

腸の機能が低下していると、排泄の力が弱まります。

だから、私たちはまず「出す（排泄する）」ことにフォーカスするべきなのです。

お腹の中に1キロとか3キロとかのモノ（滞留便）をもっていて、腰が正常に保てるでしょうか。

1本しかない骨（背骨）にぶら下がり、負荷をかけ続けるのですよ。

断食の説明に入る前にもう一度、滞留便と背骨の関係について振り返ります。

食べ物は口から入って、さまざまな消化器官を経て、最後は出口である肛門に到着します。

食べたものがすべて排泄されればいいのですが、そうでなければ、出待ちの滞留物として大腸に重く溜まります。

滞留物の量が多くなれば、骨盤に収まりきらず、必然的にお腹が前へ出っ張るようになります。

前に出たその部分の重さで、背骨がじん帯を通じて引っ張られる形になり、背筋が丸くなってきます。

腸は滞留物があることで冷えてしまうけれど、腸はとても大事な臓器であり、冷えた状態のままであってはいけないし、冷やしてはいけません。

だから、体内から血流にのせてエネルギーを集め、お腹まわりや背骨周辺の筋肉を温めようとします。

しかし、体内に流通する血液の量とか温度は限られていますから、手や足の末端が犠牲になり、女性なら末端冷え性、男性なら前立腺炎とか前立腺障害が起こりやすくなります。

滞留物自体が結果的に体内の熱を奪っていくのです。

だから、滞留物を減らすことによって、奪われる熱を少なくする、さらには、背骨に対する重力干渉を減らすべきなのです。

骨盤に入っている程度の量だったらいいのだけれど、骨盤から溢れ出すことによってお腹がせり出してくる。

すると、腰椎の4番とか3番に負担がかかります。

その状態が長く続いていれば、腰が悪くなるのが当たり前でしょう。

女性の場合、体全体の筋力が男性に比べて弱いから、お腹の重さを支えきれず、巻き肩になり、これを戻すように反り腰になります。猫背じゃなくて。

体全体でバランスをとろうとするのです。

冷えた腸は腰椎を冷やし、背骨全体の温度を奪います。

背骨の中の神経をも冷やし、自律神経にも影響が生じると考えられます。

断食の話に戻ります。

排泄に一番いいのは何も食べないことです。

皆さん、食べ過ぎで腸内が渋滞を起こしてしまっています。

皮肉ですが、食事を摂ることによって腸が異常になっていますから、摂らないことによって整えることが早道と考えられます。

出すためには食わない。

そもそも食事を摂り、消化・吸収・排出することは、体にとってはそこそこの負担なのです。

腸をマッサージした次の日、大量に便が出たという経験が皆さんにもあるかと思います。

マッサージによって体を温めると便が出やすくなる可能性はありえますが、それ以上に大切なのは滞留したモノの位置を動かすことなんです。

位置を動かすことによって、血流が入り、体が自然と温まります。

血が通っていないところに血を通すから体も温まり、滞留していた場所から便が強制的に動かされ、位置が変わるから出やすくなるのです。

断食は効果的な健康法ですが、注意すべきところもあります。

マックス・ゲルソンという20世紀中頃にアメリカで活躍したドイツ生まれの医師がいます。彼の提唱したゲルソン療法は賛否両論あるのですが、断食も含めた食事療法です。彼はがん患者を断食で治そうと試みました。

彼の理論ではこれで生存期間は長くなるはずだったんですが、ある一定数、患者が死亡するケースが出ました。

その理由を精査した結果、原因は体毒でした。体のどこから出た毒なのか？　便からだと確信したゲルソン医師は、腸を洗い流す洗腸を行うことにより、がん患者の余命を延ばしたといいます。

断食をすると、体の中に食べ物が入ってこないから、今あるものから吸収しようとします。

すると、ほとんど栄養なんか残っていないどころか、毒素まで含んでいる残留物から栄養を摂ろうとするため、結果として体毒が増えます。

この点において、洗腸が有効だというわけです。

ちなみに、体毒が放つ臭気は肌・皮膚から出ており、そういった臭気を放つ方がずいぶんといらっしゃいます。

断食５日目くらいになると、かなりの臭気が体中から出てきて、離れている方でもわかるほど臭うことがあります。

洗腸をあわせて行うと、その臭気も軽くすむ傾向があります。

断食をする際にはそういったマイナス面もあります。

そしてもっと重要な注意点。

極度の断食を行うと、体は生命を長く維持するために、体温を抑え、エネルギーを多く使う筋肉を削り、エネルギーの出力を抑える方向へシフトします。

さらに極端な断食行動をとると、思考力が鈍り、最終的には心臓機能まで抑制され命にかかわることもあります。

オススメの方法ではありますが、断食を行うときには、十分な注意が必要なことをお伝えしておきます。

オススメの改善方法③――洗腸

②でも少し触れましたが、断食に加え、私がおすすめしているのは洗腸です。洗腸キットを使って、腸内の滞留便を排出させる方法です。

洗腸とは、イチジク浣腸などで肛門から薬剤を自分で入れて、文字どおり、腸を洗うことです。

「洗腸までは……」と抵抗を感じる方も多いとは思いますので、無理にとはいいません。

しかし、私がこれで、1・5キロもの滞留便を出したことは前にお伝えしました。

今も毎日洗腸し、便を溜めずにいることで健康を維持できています。

日々体に軽さを感じつつ生活できていることは単純に快適で、腸内環境のもろもろの話は抜きにしても非常に気分のいいものです。

はっきりいって、500グラムでも軽くなったら、体ってすごく楽になります。

心地よさというのは、実際、健康であることに大きく貢献していると思います。

洗腸を実践して、改善された方の話をケーススタディとしてお伝えします。

長年、腰と肩に痛みを抱えていた40代の女性のサキさん（仮名）。

彼女は洗腸して5日で痩せました。

最初、「怖そうだし痛そうだし、屈辱的でいやだ（笑）」と洗腸に抵抗感を抱き、全力で拒否してきました。

しかし、長引く不調にそうもいっておられず、だまされたつもりでいざ実践すると、体調が断然よくなったといいます。

「洗腸を実践する前は腰と肩が痛いだけでなく、胃が常にパンパンに張っていて、手の先も足の先もいつも冷たかった。洗腸を始めてからは、腰痛も治り、疲れやすかった体質が一気に変わりました。体は軽くなるし、血流もよくなり、お腹の張りも冷え性も解消したんです」

サキさんは洗腸と同時に、食事の改善も試みていました。

それまでは、食べ物にあまり気を使わず、添加物や化学調味料が満載のコンビニ弁当、インスタント麺、甘い物をよく食べていたそうです。

「今考えれば、そりゃ体が悪くなるのは当たり前だよねと思えます。体に対する危機意識がなかった……」

本人にはほとんど自覚症状がなかったようでしたが、明らかに、サキさんは便秘もちでもありました。

排便はだいたい2日か3日に1度。しかし、それで大丈夫と彼女は考えていました。サキさんにかぎらず、それぐらいのペースで排泄できていたらOKと思われている方は多いのではないでしょうか。とりあえず、出ているから大丈夫だと。

でも、そうではないのです。

便が出ないのが便秘なんじゃなくて、滞留便を出すことができないのが便秘なのです。

今日食べた量としては今日出ているかもしれないけど、昨日とかその前の分は持ち越してるよ、それが残っちゃってるよ、ちょっとずつ積み立てられているよ、負債がまだ残ったままですよ、という話なんです。

今日の便りはいつの分の便りですか？

滞留している便をきちんと出して、初めて便秘解消なわけです。

滞留便を出す方法として、下剤ではだめなのかとお考えの方もいらっしゃると思います。

しかし、下剤は内臓にかなり負担をかけ内臓機能の低下を促すともいわれておりますので、おすすめはできません。

正直、食生活とか運動とか睡眠の方法で滞留便を出しきるのはなかなか難しいです。

前述しましたが、体というのは悪ければ悪いなりにバランスをとってしまうもの。

そのバランスを変えるためには、なんらかの形で、ある種、強制的に出させるしかないのです。

だけど薬を使用すると、副作用が出るのでよろしくないというわけです。

洗腸して1回目から大量には滞留便は出ませんが、回数を重ねるごとに出やすくはなってきますね。

ちなみに洗腸する前と洗腸した後で体重が変わらないことって結構あるんです。

まあ厳密にいうと変わっているのかもしれないし、ときに増えていることもあるんですけれど、体重計が示す数字はともかく、体感的にすごく体が軽く、楽になるんです。

その理由は、結局重さじゃなく、腸にへばり付いてるものがなくなることで、腸の活動負荷が軽くなっているからだと考えられます。

このサキさん。じつは私とは10年近い付き合いなのです。

私が何度もアドバイスしたにもかかわらず、食事改善も洗腸もしないままでした。

それで、体調不良に耐えかねて実践したのが1年前。

そこからの改善効果は先に述べたとおりですが、サキさんはこう言います。

「9年間散々文句言って拒否し続けてきた私が言うのもなんですが、洗腸を始めてよかったです。今では、不調なのにやらない選択ってないよねと言ってしまいたいくらい（笑）。それくらいいい効果がありました。それまで、コンビニ弁当に対して何の疑問ももたず、簡単でいいって喜んで食べていました。でも今は、食事の質と量にこだわるようになりましたし、なによりネガティブな考え方が積極的で前向きに変わりました。体が軽くなって、もろもろの不調が消えたら、人間こうも思考や行動が変わるのだと。これには自分でもビックリしてます」

９年間ずーっと洗腸をおすすめしてきて、いまさら……と、呆れましたが（笑）、それでも腰痛、肩こりをはじめさまざまな不調が改善されてよかったなと思っています。

サキさんの例であらためて思うのが、自分でコントロールできない重さが、いかに腰に負担をかけているか、本来排泄されるべきものがいつまでも腸にこびりつくように残っていることがいかに害であるか、ということです。

そもそも体の中でもいらないといって、外に出そうとしてるものをいつまでもお腹に置いておくことが体にいいわけありません。

要は体の中で消化できないもの、出せないものを皆さん食べているわけです。

しかもそれらを大量に摂っているから、結局自力では出せないのです。

滞留便がなくなり、血流をはじめ体のさまざまな流れがよくなれば、精神面でも大きな効果があるといえます。

どれだけ努力しても、人間の体には多少なりとも滞留便はできてしまうものかもしれません。

しかし、同じ滞留便でも長い期間、滞留している便と、比較的新しい便とでは体への負担という意味では違いがあると思います。

長期にわたる滞留便のほうがより害悪をもたらす存在といえるでしょう。

第3章　セルフケア

セルフケア①上体反らし

〈オープニング〉

この章では、腰痛に効くさまざまなセルフケアの方法を紹介していきます。いずれも、数分でできる簡単なものばかりです。直接、私のところへお越しになって実際に仕術を受けることも、もちろんアリです。しかし､本来､自分の体は自分で治せるもの。ポイントをつかめば、かなりの部分、自分自身でよくすることができます。食事改善、腸のメンテナンスを実践しつつ、セルフケア術でぜひ、腰痛の改善を実現してください。

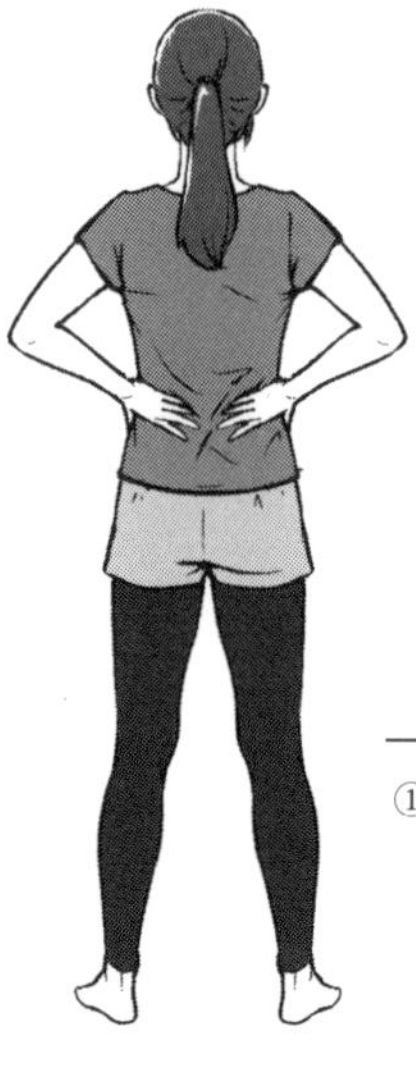

①足を肩幅に開いて立つ。両手の指を向き合うようにして、骨盤上部に手をゆるめた状態で当てる。ゆっくりと上体を床と水平になるぐらいまで前に倒す。

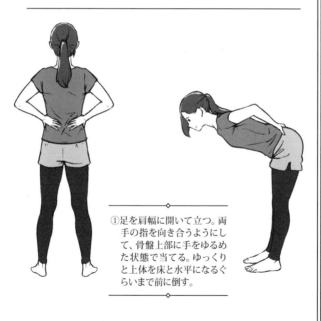

②両ヒジを背中につける感じで閉じながら、ゆっくりと上体を起こし、後ろに反らす。天井を見上げるくらいまで反る。

③後ろに上体を反らしながら、骨盤上部に当てた手が離れないようにして、手のひらを大きくグッと広げる。

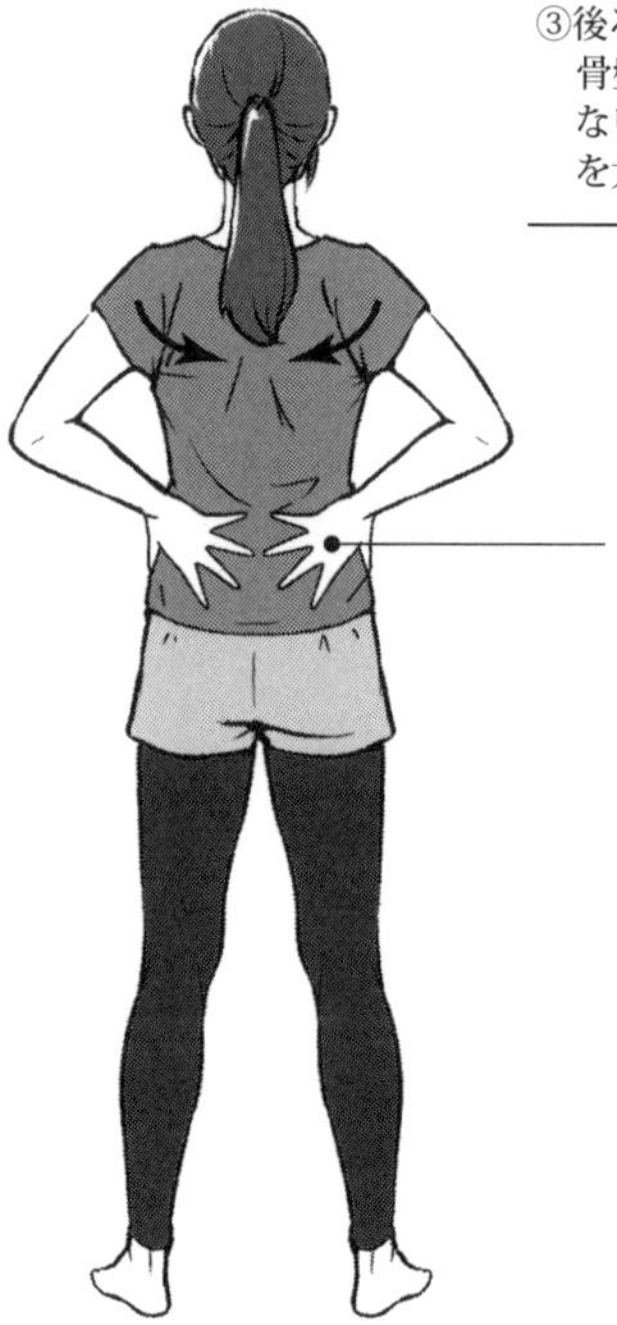

〈ポイント〉

骨盤の上に置いた手を横向きに固定し開くことで、後傾時の脊柱と大腰筋とが縮もうとするのを邪魔します。しかし、筋肉自体は縮む運動を続けようとするため、血流が促されます。

また、背中の骨が縮んで血管が圧迫された状態を手のひらで押し広げることで、血流を通りやすくします。

血液の循環がよくなると、腰痛の症状は自然に改善されます。

セルフケア② 上体伸ばし

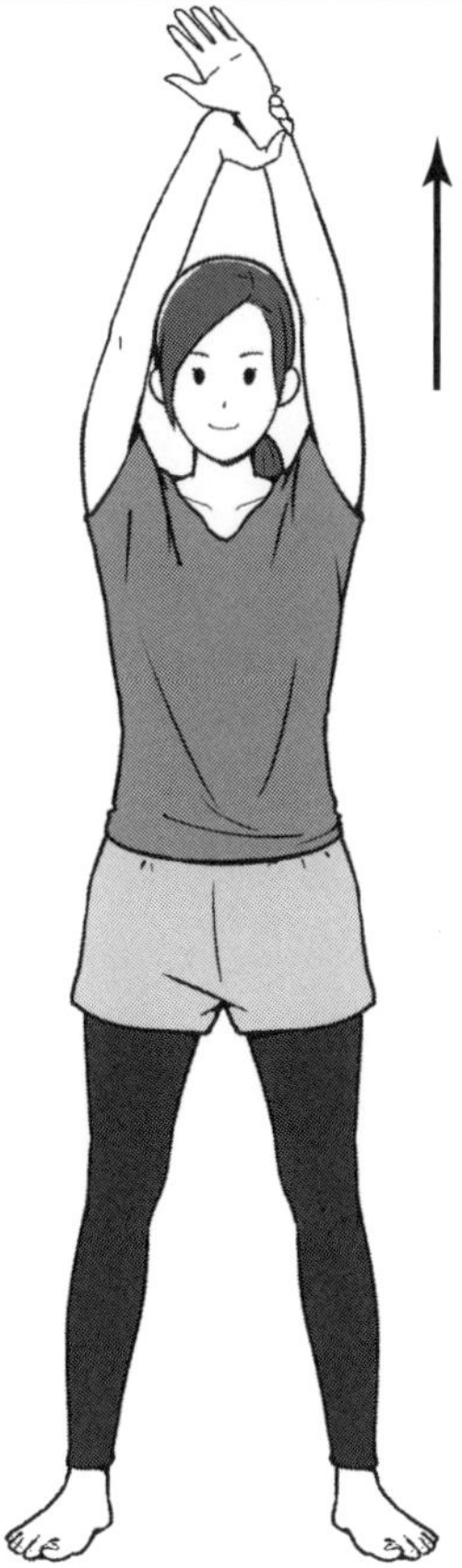

①両足を肩幅に開いて立ち、両腕を上げる。右手で左手の手首を持つ。

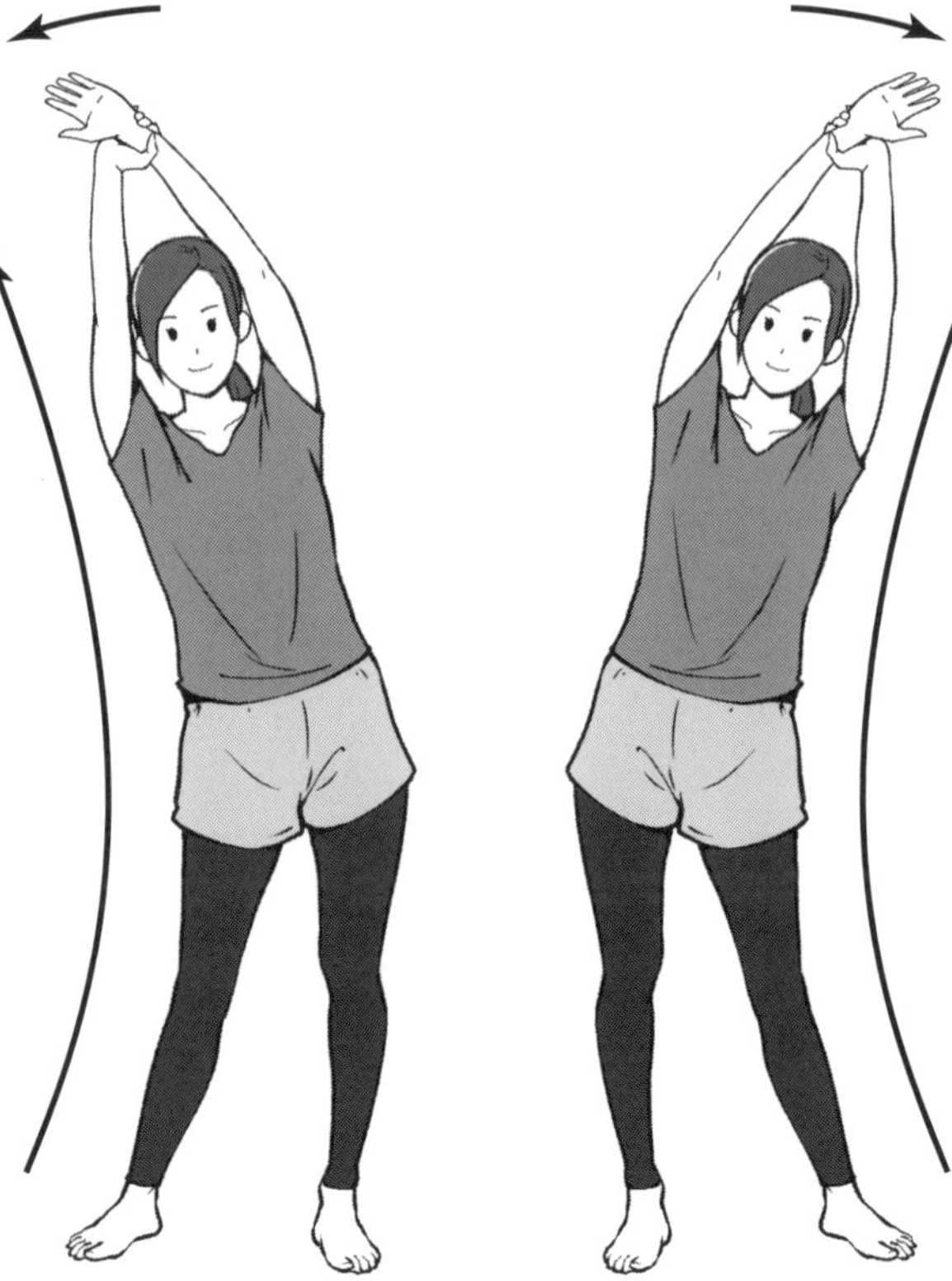

②左手を遠くへ伸ばすように右手で引きながらゆっくりと右に曲げ、右の脇腹をよく縮める。その際に、極力、手の力を使わず、傾くときの体の重さで曲げる。引かれるほうの左手は力を入れない。逆側もやる。

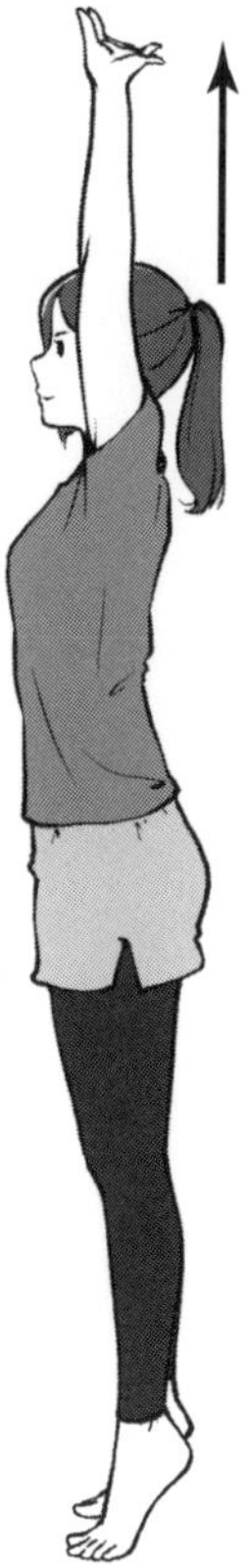

③両手を組んで親指を立てる。肩甲骨を背骨に寄せながら、かかとを浮かすくらいに上に向かって「う～ん」と伸びをして、ストンと両腕とかかとを落とす。

ポイント

肩甲骨を背骨に寄せることを意識すると、背中全体の血流が調整され、スッキリ感が強くなります。

セルフケア③ベビーウォーク

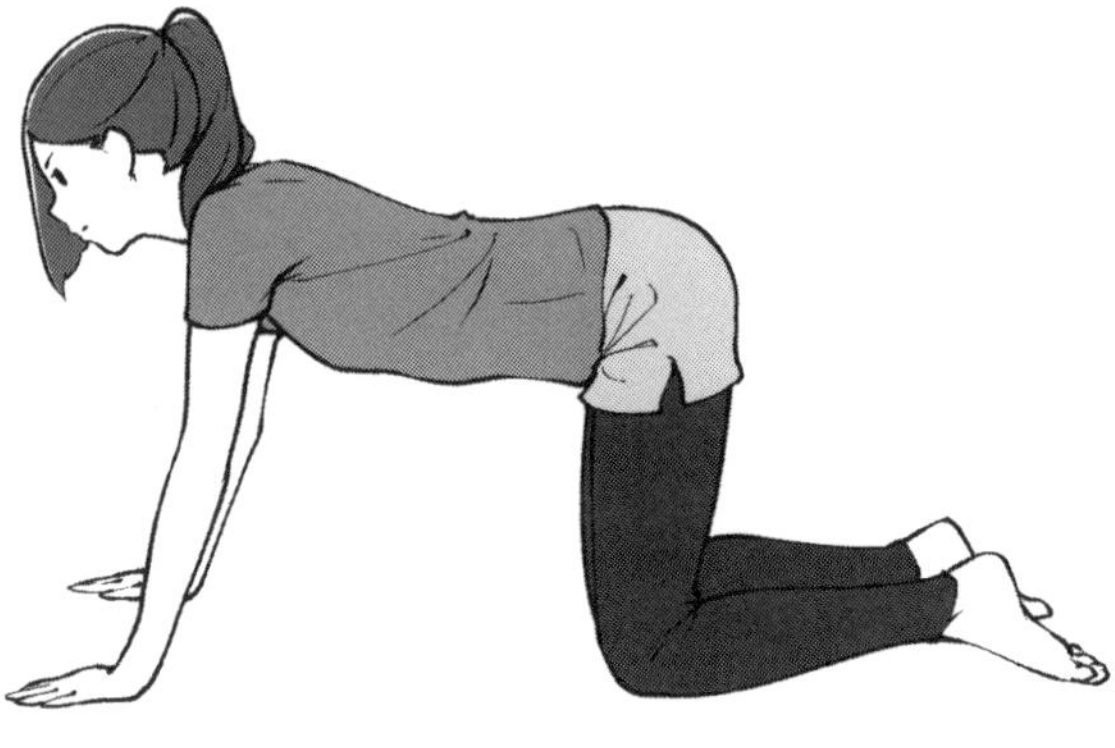

①四つん這いの状態になり、腰の力をゆっくりと抜きます。

②その状態で周囲5メートルくらいを2～3分間歩いてみましょう。赤ちゃんの"ハイハイ"と同じです。

〈ポイント〉

人がちゃんと立って動けるよう体を支えているのは腰です。その腰には、体の重さによる負担が一極集中のようにかかっています。しかし、四つん這いになることで一時的に腰にかかる負荷は軽減されます。腰の筋肉はゆるみますが、この体勢であれば体が倒れることはありません。この状態で歩くと、背骨、お腹、腰の筋肉が左右に大きく動き、血流が入ってきます。血流がよくなると、痛みが緩和され、体が楽になっていきます。

セルフケア④腹筋を使う

①手をピンと伸ばして、突っ張った状態で両ヒザに置く。

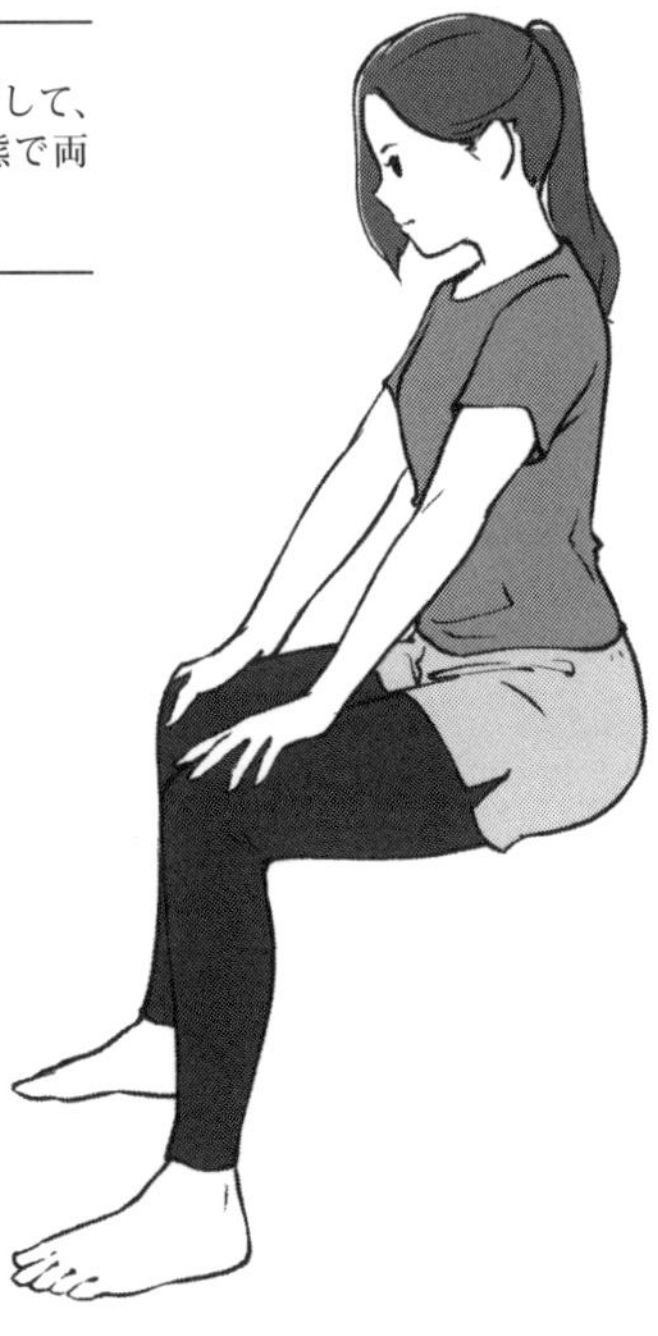

②腹筋に力を入れて、腹筋をへこませ、肋骨やみぞ落ちのほうへ上げながら、ぐーっと前へ上半身を倒す。縮めたいのは腹筋だけなので頭まで下に落ちすぎないように手に力を入れて踏ん張る。手はピンと伸ばし、突っ張ったままの状態で上半身を倒すため、両肩は上がった状態になります。

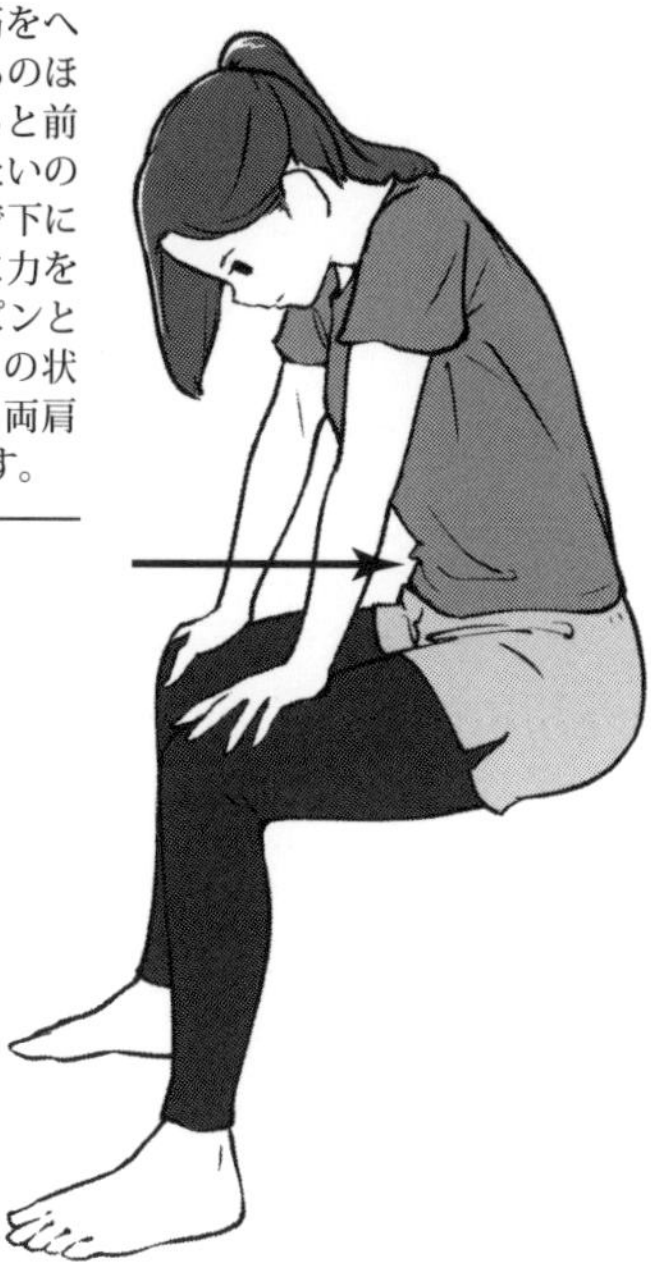

〈ポイント〉

伸ばしたい体の部位があるとしたら、その逆側にテンションをかけると、ゆるんで伸びます。
ここでは腰の筋肉や筋を伸ばしたいので、その反対サイドにあるお腹の筋肉を縮めることによって、結果的に腰周辺がやわらかくなり、血流が入ってきます。これは腰だけでなく、前屈や開脚など体のいろんな部位においても応用できる方法です。

セルフケア⑤腰回し

①フラフープをやるように、腰をゆっくりと回し続ける。回す方向は右回り、左回りどちらでも OK。なるべく頭の位置を上下に動かさず、腰だけを回すようにする。

②座った状態でやってもOK。手をお腹に当てた状態でやると、腰を回しやすいかもしれません。

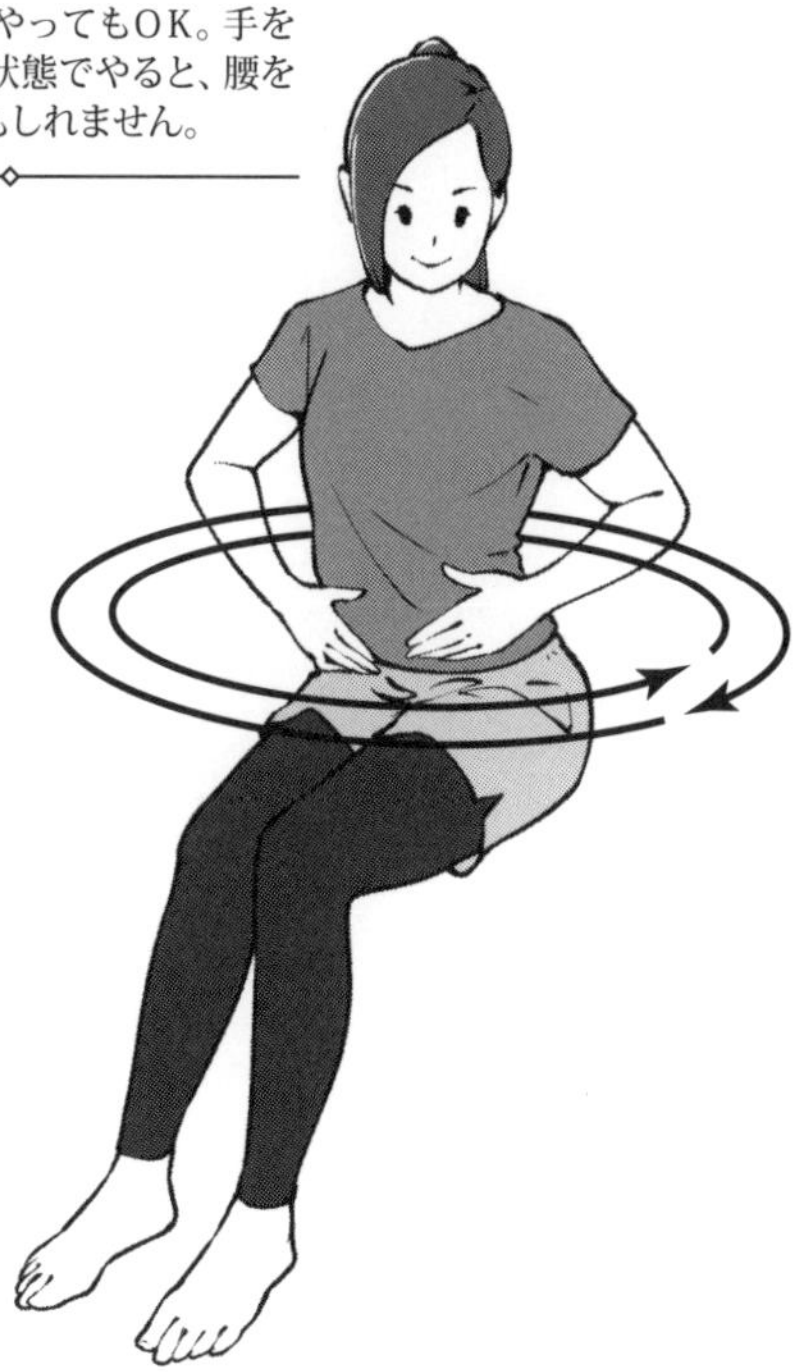

―ポイント―

腰を回すことによって、お腹まわり、腰まわりの筋膜と臓器などの癒着が解消されやすくなり、スムーズな血液循環が回復します。便秘解消にも効果があります。
ちなみに、腰を激しく回して踊るフラダンサーに腰痛もちはいないといわれています。

セルフケア⑥四股立ち

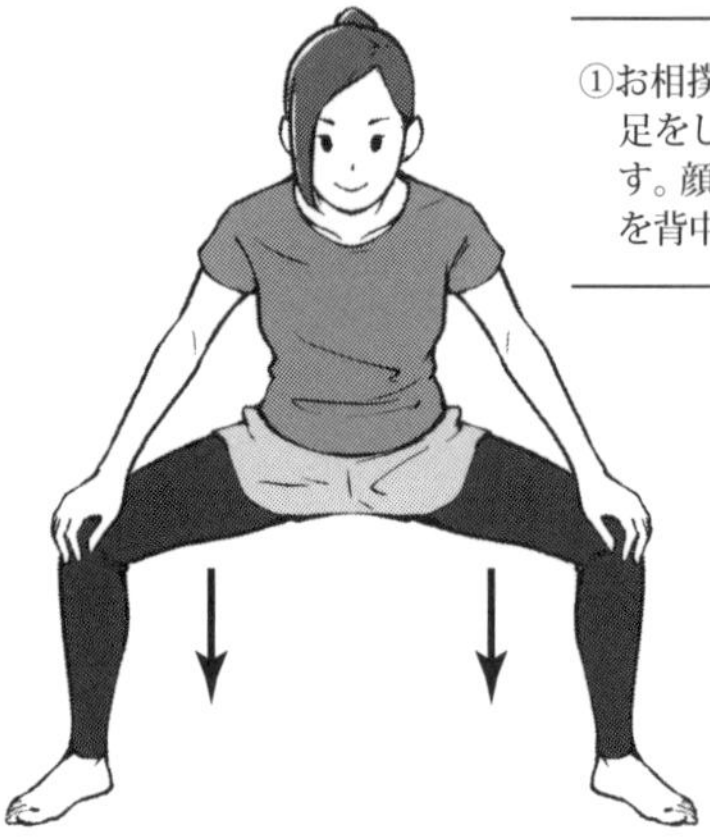

①お相撲さんがよくやるように、足をしっかり開いて腰を落とす。顔を正面に向けて肩甲骨を背中に寄せる。

②上半身を右ヒザの方向、次に左ヒザの方向に向けてねじる（順番は逆でもかまわない）。

③最後に、上半身を体の正面下に向けて倒し、
肩甲骨を背中に寄せながら若干、腰を反る。
全体で1分間くらいやる。

〈ポイント〉

現代の日本人の腰痛の原因の一つは、和式トイレから、洋式トイレに替えたからという人もいます。和式トイレは、しゃがむことによって背中側の筋肉が伸びて、きばることによって、腹筋に力が入るのです。そうすると結果的に腰の筋肉は伸ばされ、腰にはとてもいい状態になるわけです。この四股立ちには同様の効果があります。

セルフケア⑦ かかと整体

〈オープニング〉

「かかと」は、重力に抗い、２本足で立つ人間の体の中で一番重力がかかっている部分です。「かかと」は腰痛や体のゆがみを防ぐ、いの一番手。「かかと」のケアを体験した人は、「足裏と地面の接地面積が広がり、立つこと、歩くことが楽になった。つま先側に体重が乗っていたことがわかった」とよくおっしゃいます。「かかと」が整うと、姿勢がよくなって背筋が伸び、腰の負担が軽くなります。

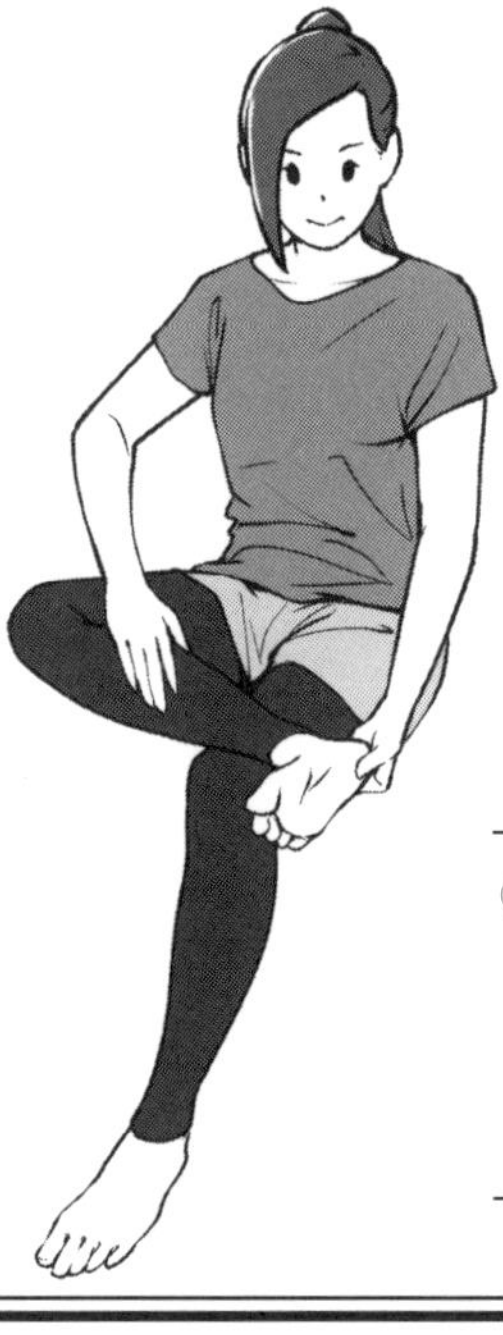

①片足を前に伸ばして座り、伸ばした足の太ももの上に反対の足首をのせる。伸ばした足と同じ側の手で「かかと」を下から支えるようにして持つ。

愛読者カード

ご購読ありがとうございました。今後の参考とさせていただきますので、ご協力をお願いいたします。また、新刊案内等をお送りさせていただくことがあります。

【1】本のタイトルをお書きください。

【2】この本を何でお知りになりましたか。

1.書店で実物を見て　2.新聞広告(　　　　新聞)
3.書評で(　　　　)　4.図書館・図書室で　5.人にすすめられて
6.インターネット　7.その他(　　　　)

【3】お買い求めになった理由をお聞かせください。

1.タイトルにひかれて　2.テーマやジャンルに興味があるので
3.著者が好きだから　4.カバーデザインがよかったから
5.その他(　　　　)

【4】お買い求めの店名を教えてください。

【5】本書についてのご意見、ご感想をお聞かせください。

●ご記入のご感想を、広告等、本のPRに使わせていただいてもよろしいですか。
□に✓をご記入ください。　□ 実名で可　□ 匿名で可　□ 不可

郵便はがき

切手をお貼りください。

102-0071

東京都千代田区富士見一－二－十一
KAWADAフラッツ一階

さくら舎 行

住所	〒　都道府県		
フリガナ		年齢	歳
氏名			
		性別	男　女
TEL	(　　)		
E-Mail			

さくら舎ウェブサイト www.sakurasha.com

②ケアする足と同じ側の手を「かかと」の上からのせる。「かかと」の上下を左右の手ではさんだ状態で、両手を一緒に円を描くように回す。

③ ②を行って「かかと」があまり動かない場合は、片方の手のひらを「かかと」全体を軽く包むように当て、円を描くように「かかと」をなで回す。このとき、足首が動かないように、もう一方の手で足首をしっかりと支えておく。

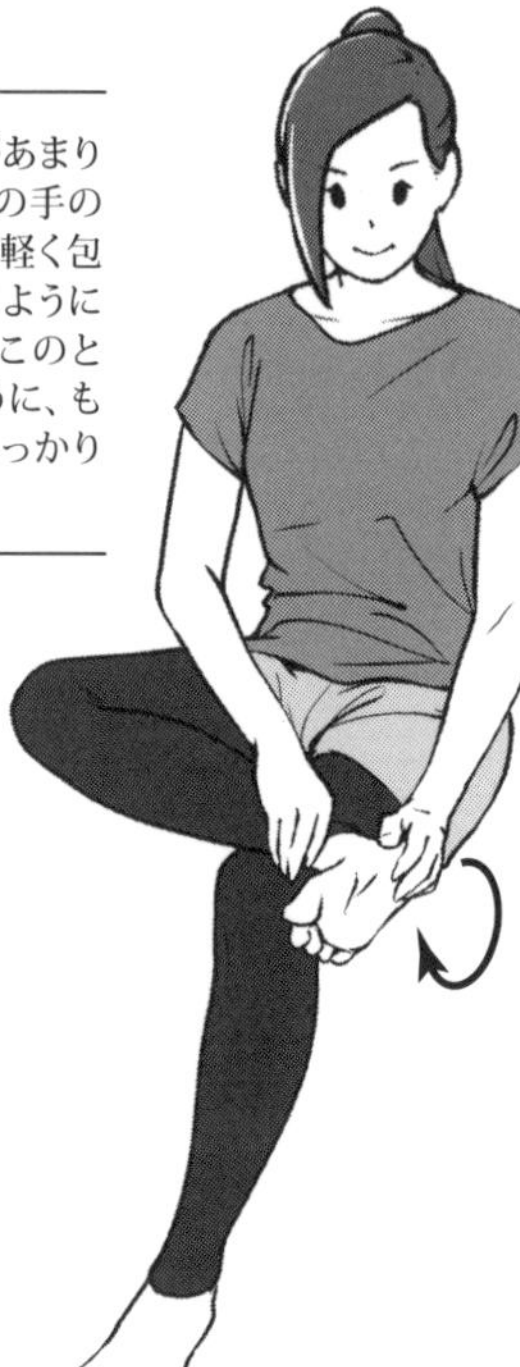

〈ポイント〉

足首の力を抜き、「かかと」の皮膚のみを回すよう意識してください。手のひらを「かかと」に強く押し付け過ぎると、体が反発して、かえって「かかとまわり」が硬くなって動きが悪くなります。足首の力が抜けていると、つま先のほうも「かかと」の回転に連動してくれます。「かかとまわり」がやわらかくなっているのを実感してください。

④ ③ができるようになったら、
「かかと」を両手で包んで
回してあげる。

⑤指先で「かかと」と「足の裏」をサーッサーッとごくごく軽く、さすったり、なでたりする(軽擦［けいさつ］をかけるという)。

⑥もう片方の「かかと」も①〜⑤と同じ要領でケアを行う。

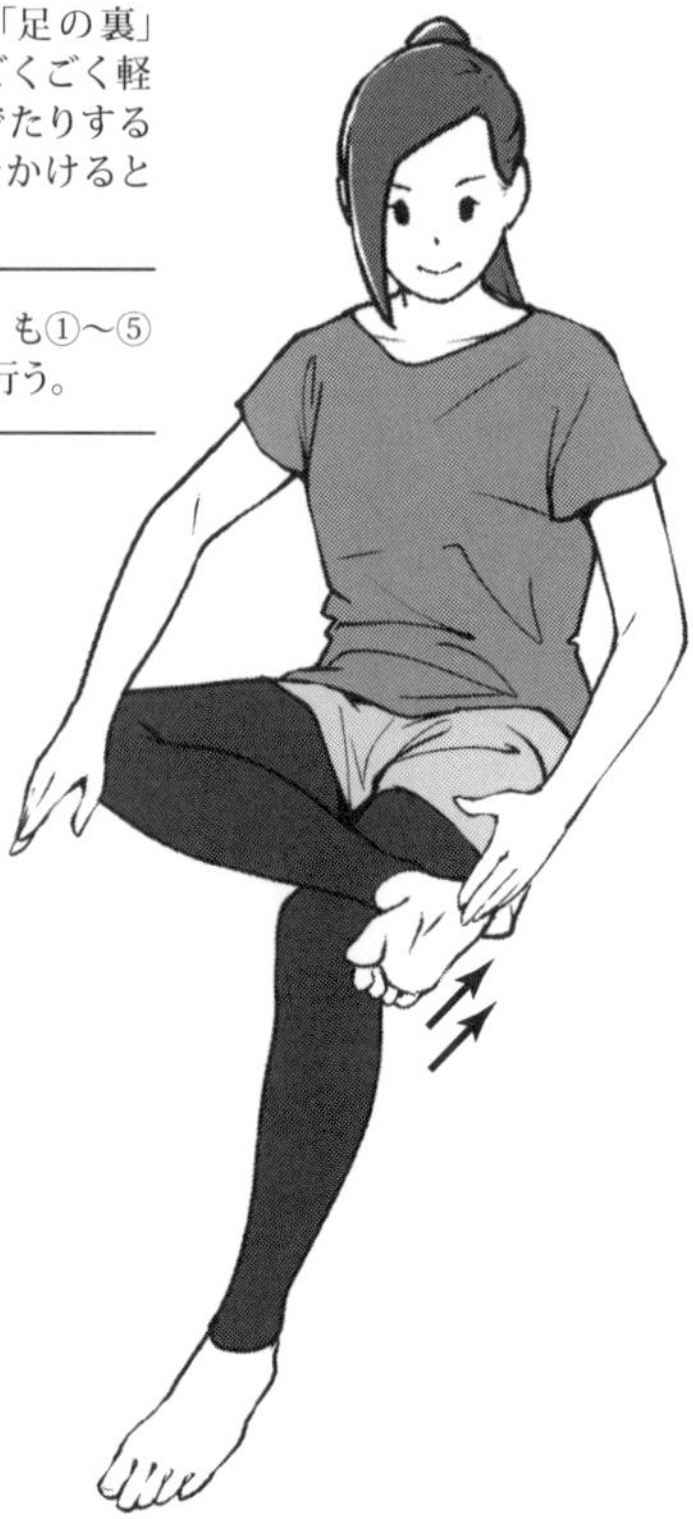

〈ポイント〉

指と指の間を少し開いて手をほうきのような形にし、ほこりを払うような感覚で行いましょう。軽擦は足のみではなく、全身に効果が期待できます。

ちょこっと解説

たった数分のケアですが、「立っているのが楽」というのは、とても重要なことです。

逆に言いますと、立っているのが辛いのは、余計な力を入れないと立てないような状態に体がなっているということです。

体のバランスが崩れていて、その崩れたバランスのまま無理に立とうとするから、体のあちこちに余計な力が入るのです。

真ん中でバランスがとれていれば、そのような力を使う必要はありません。

そもそも強い力というのは体には不要なのです。

人は、本来怠け者ですから、なるべく力は使いたくないもの。力を使わなくても立てるのなら、そのほうが楽でいいに決まっています。

ですから、力を入れて強引に真っ直ぐな姿勢をとるというのではなく、凝り固まった「かかと」をゆるめてズレを治してあげれば、自然と正しい姿勢になります。

「かかと」のバランスが正しくとれるようになれば、体全体の負担は軽くなり、腰痛も改善します。

セルフケア⑧ 仙骨

〈オープニング〉

「仙骨」は、尾てい骨のちょっと上にある三角形の骨で、骨盤の真ん中にあります。仙骨はその下の尾骨や坐骨などと腸腰じん帯や仙結節じん帯などの多数のじん帯によって結ばれています。したがって、仙骨がズレるとじん帯もズレ、その結果、腰痛を引き起こします。仙骨ならびに仙骨周辺のケアをすると、筋肉が刺激されてゆるみ、血流が活発になって、腰がラクになります。

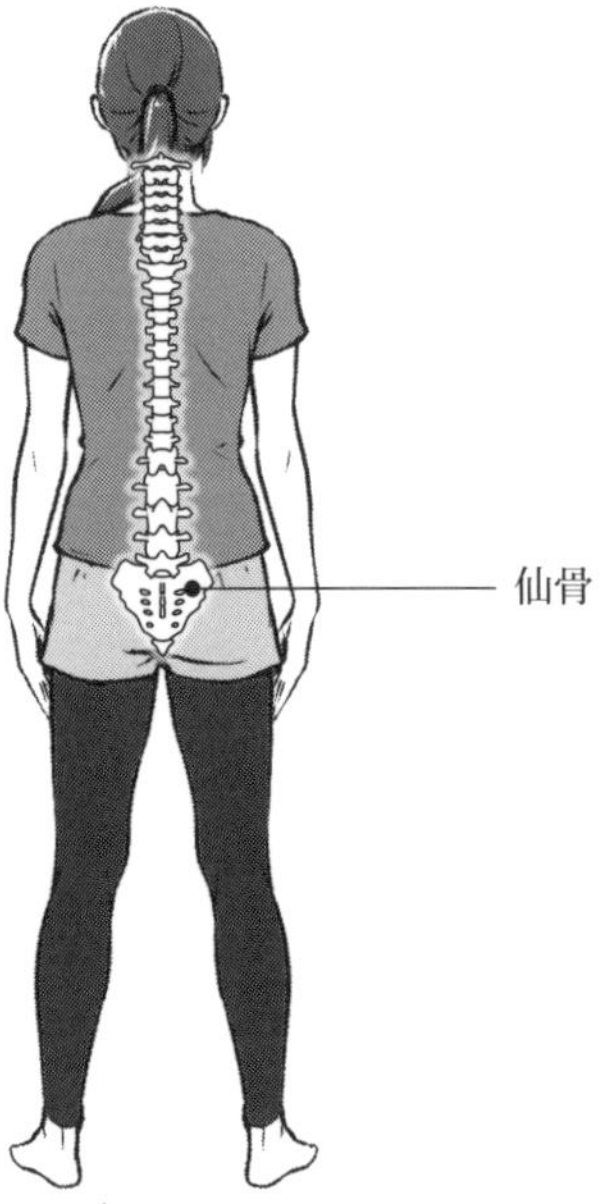

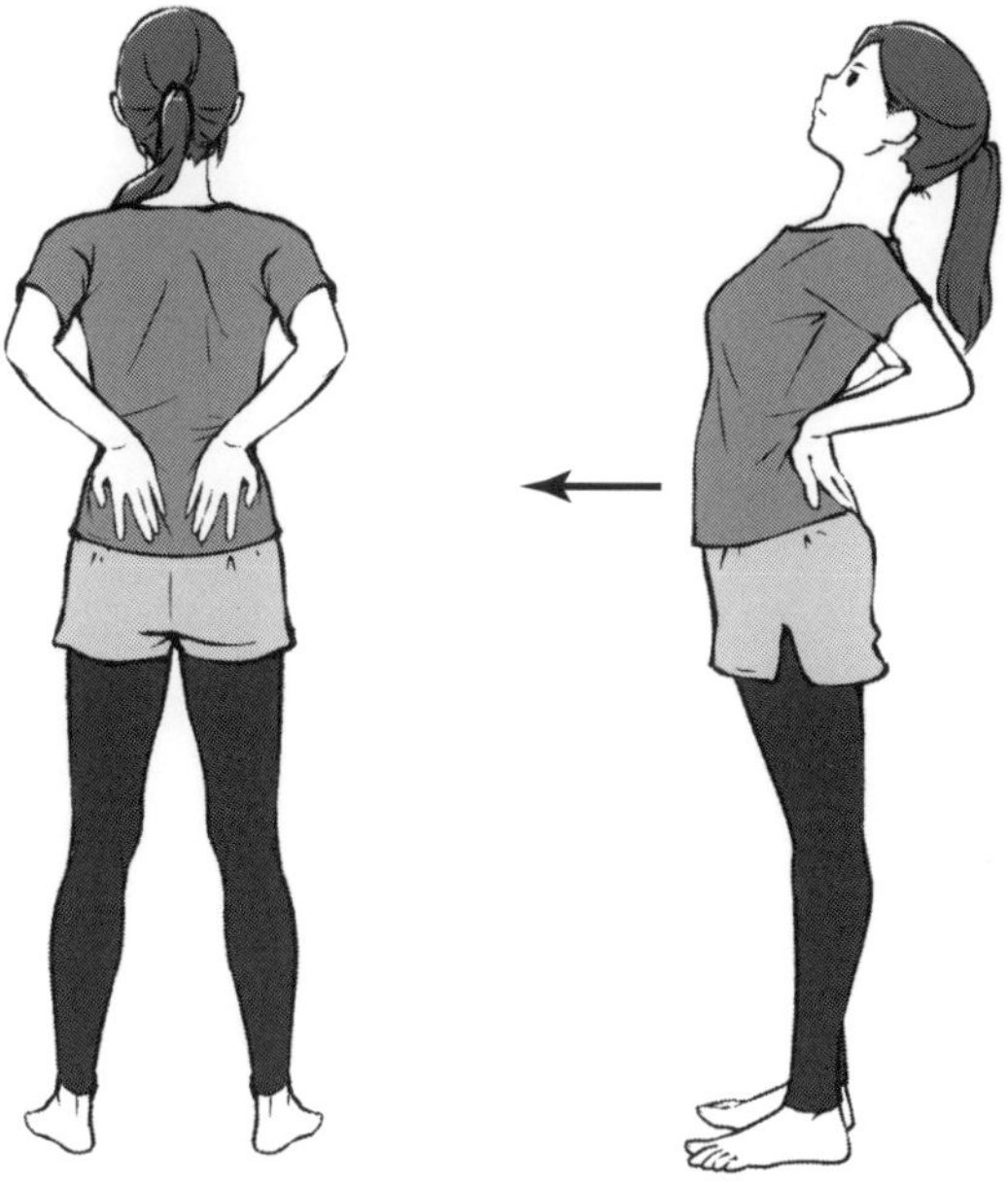

①第1の方法。両足を肩幅に開いて立ち、両方の手で仙骨の上（ちょうどウエストのあたり）を押さえながら、上体をぐっと後ろに反らす。上を見ながら、肩甲骨を寄せて反る。

〈ポイント〉

ヒザは曲げず腰だけを前に突き出すイメージで。天井が見えるほど腰を折って深く反らす必要はありません。

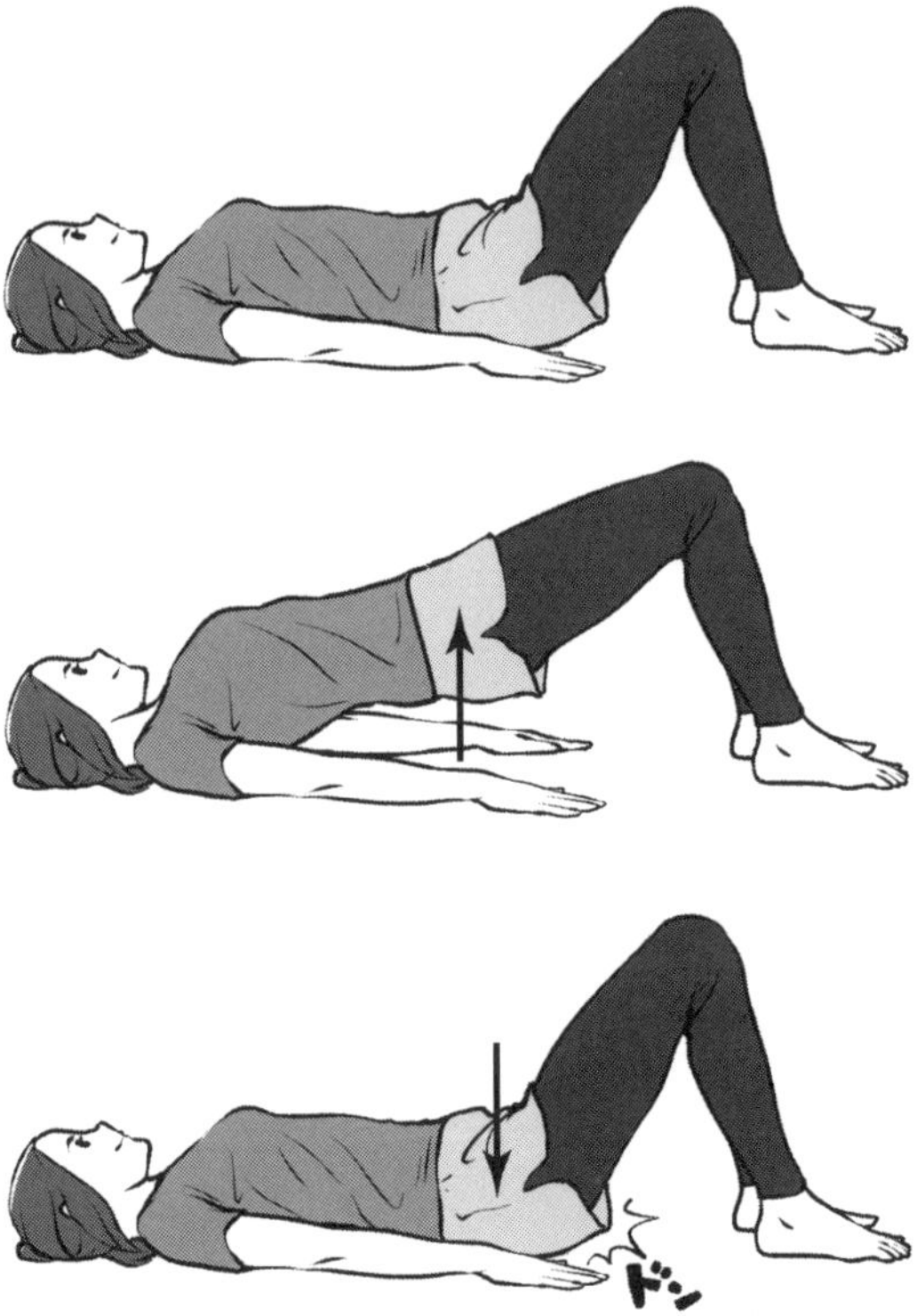

②第2の方法。ヒザを立てて仰向けに寝る。両肩と両足で体を支えながら、腰をグーンと上に持ち上げて「ドン」と音が鳴るくらいに落とす。これを数回繰り返す。

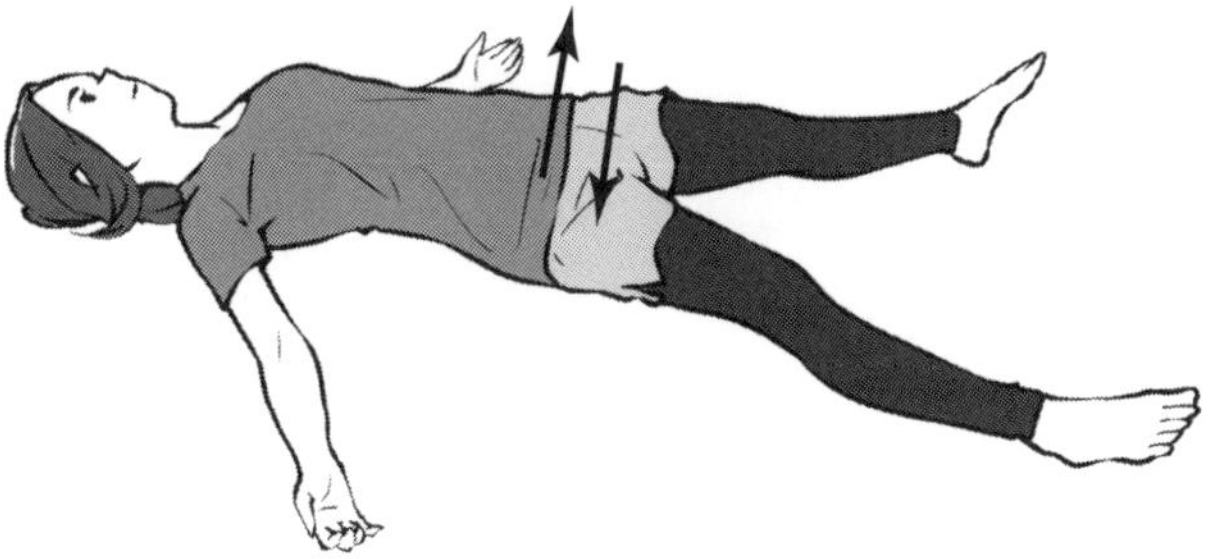

③第3の方法。仰向けに寝て、両手両足を開き、軽く大の字になる。
仙骨中心に腰だけを動かして体を左右にゆらす。

〈ポイント〉

かかとや足首の力は使わないこと。

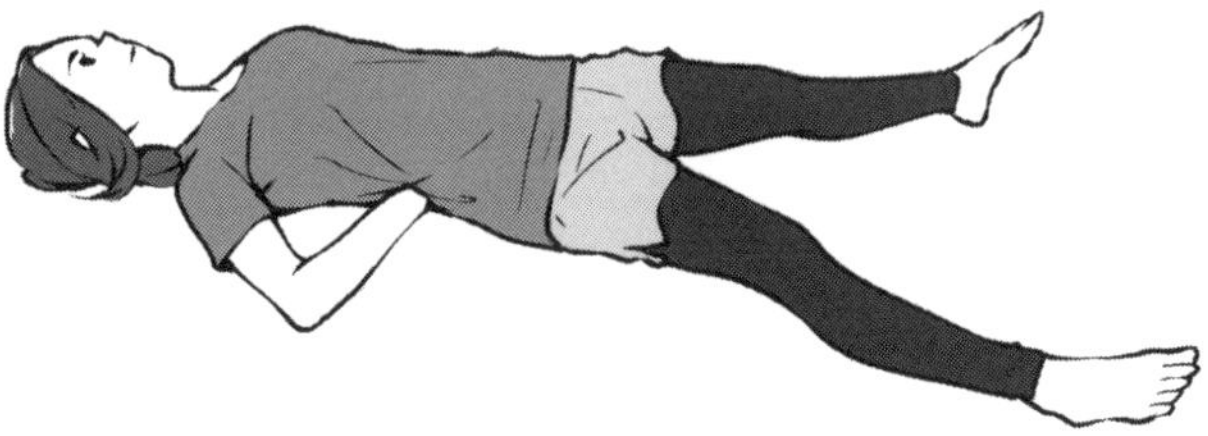

④ ③がやりづらい場合は、腰の下に拳を入れて、手首を回すことによって体を前後にゆらす。腰の下に甲を上向けに両手を入れ、指を支えに手の甲を上下に動かすと腰の力を使わずとも大きく体を動かすことができる。

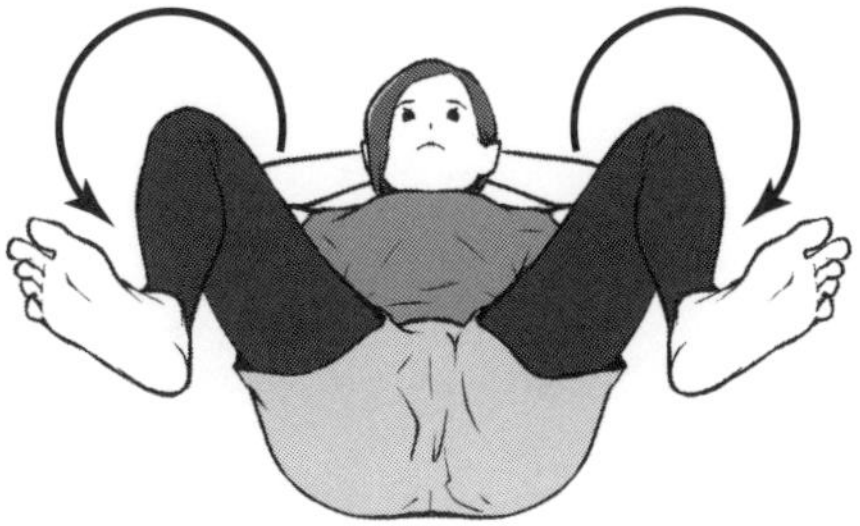

⑤ 第4の方法。仰向けに寝て、カエルの足の動きのように両足を曲げたり伸ばしたり屈伸する。ヒザを曲げながら円を描くように回す。

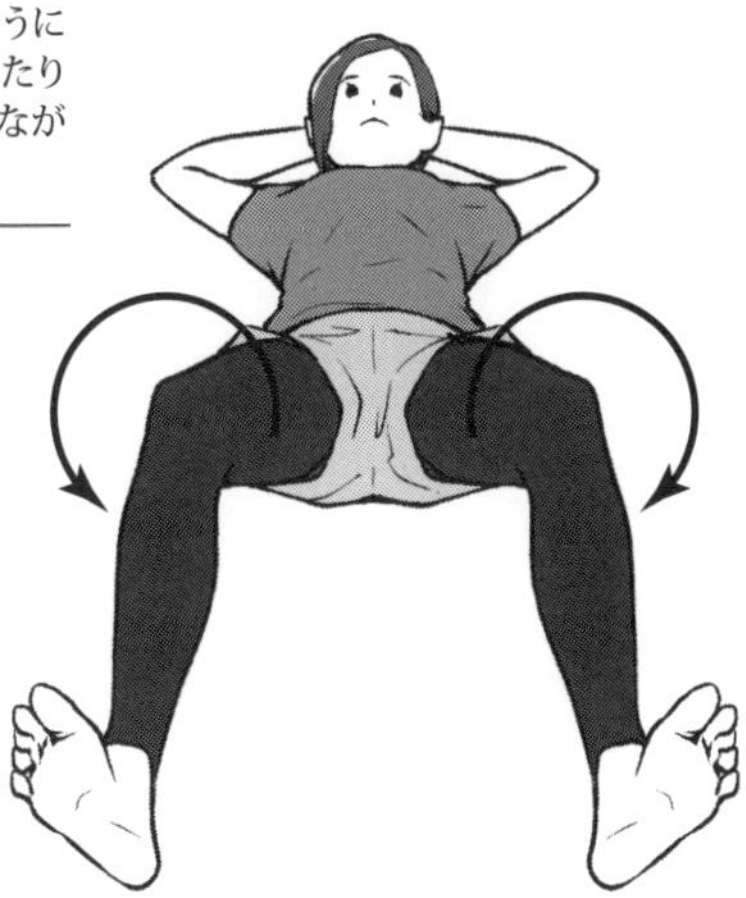

〈ポイント〉

仙骨を中心に股関節周辺の筋肉を動かすことにより、リンパ管や血管の詰まりが解消され、ラクに立っていられるようになります。

セルフケア⑨ 予防・前屈運動

〈オープニング〉

この前屈運動は、腰痛解消というより、腰痛にならないための予防としてのセルフケアです。この前屈運動のメソッドは、腰痛予防のみならず、体全般のケアとしても幅広く活用できるものです。少しミステリアスで奥深いものがあります。

①立った状態でお腹を持ち上げる。その際は足の拇指球で押し上げるようにしてお腹を持ち上げる。

②そのまま、お腹を太ももにつけるように上半身を落として、手を伸ばし、前屈をする。

③ ①②のやり方だけで、いつもより曲げられますが、より前屈ができる方法があります。おそらく、②の状態のとき、背中に張りを感じ、自然に意識も背中にフォーカスしているかと思います。①と同じ状態からお腹を押し上げたまま息を少しずつ吐きながらアゴをつま先へつける気持ちで下へ上半身を下げていきます。
すると、より深く前屈できるでしょう。

ちょこっと解説

前ページの前屈運動の理論を説明しますと、人は同時に2つ以上のことを正確にはできないのです。なにか行動を起こそうとぐっと力を入れるとき、必ず体の別の部分がゆるんでしまうのです。

たとえば、前屈しようと上半身を倒すとき、人は自分の体の硬さを意識・実感するでしょう。そうすると実際に体は硬くなり、「もうこれ以上、体を前に倒せない！」となります。

限界まで前屈したとき、太ももの裏や腰の硬さがボトルネックになっていることを感じるはずです。それが普通です。

そこで、太ももや腰を意識するのではなく、体の中心（みぞおちの奥あたり）に意識を向け、そこに腕や腹筋の力を集約させる意識をもって前屈してみましょう。すると、もっと前屈できるようになります。私はこれを意識の転換と呼んでいますが、瞬時に効果が出ます。意識の力はすごいです。

第4章　米澤流健康の秘訣

米澤流仕術

私が経験してきた範囲ではありますが、実に9割の方がご自分が潜在的な腰痛もちであることに気づいていません。

「腰痛はありません」と言っていた人でも、実際に腰に触れると痛みを訴える方がほとんどです。

自覚症状がないだけで、多くの方が腰に多大な負担がかかった状態で生活しています。それはいつ痛みとなって現れても不思議ではない状態なのです。

腰痛改善の方法は、①食事改善、②断食、③洗腸、④セルフケア、であることはこれまで述べてきたとおりです。

実際に私のところにいらした方には、仕術をします。

YouTube動画をご覧になっている方はご存じかと思いますが、具体的には下に落ち込んだ状態で、なかば固定されている滞留便を含む腸を仕術で動かしています。

細かな手技（技術的なこと）については、ここでは割愛しますが、落ち込んでいる腸を持ち上げて、固まっているものをゆるめて広げているのです。

持ち上げると、腸の裏側へ血流が入っていきます。

それが腸の冷えている方には激痛となるのです。

冷えているということ、硬いということは、血流が滞っているということ。

仕術を受けた方はみな、運動したあとみたいに腹の中の温度が急激に上昇します。

でも痛いのは仕術中だけで、その後、痛みはほとんど残りません。

ほかには患部からじん帯のズレを治したり、体の部位を負荷の少ないところへそろえたり、体の中心軸に対して正当になるように引き上げることを行っています。

ただ、私が行っていることは、あくまで負荷を抜いて、体の軸をそろえているだけです。

仕術によって、凝り固まった滞留便含みの腸をほぐし、動かすことで一時的に便通がよくなったとしても、本人が健康に注意しなければ、結局、同じことの繰り返しになります。

根本的に改善を目指すなら、まずは食事の内容に気をつけ、腸内環境を改善する必要があります。

癒着し硬くなった腸を、仕術によって伸ばしゆるめてあげることで一時的に便りが出たとしても、本人が食べるもの、食べる量、生活状況を変えなければ、必ず不調不通状態に戻ってしまいます。

再度お伝えいたします。

すべての症状は手遅れでない限り、自分自身で治すことができるのです。

そのために大切なことは、不調の原因に自分自身で気づき、その改善に向き合えるか否かです。

不調の大きな原因として、糖の過剰摂取があります。

自覚がない方がほとんどですが、多くの人が糖尿病予備軍といっても過言ではないかもしれません。

昨今、外反母趾《がいはんぼし》になられている方が男女ともに大変多く見受けられます。

これは、末端へ流れた血糖が抜け切らず、体内に滞留し続けていることで軟骨に影響が出ているのです。

某赤ラベルの清涼飲料水に動物の骨を入れて放置すると、１時間程度でやわらかくなるというのと同様の現象です。

不調の解消には、生活のリズムも大事です。

睡眠に関していえば、５～７時間寝ると体の回復が早いです。

早寝早起きがいいとも巷ではいわれておりますが、寝る時間帯は日が沈んでから日の出までがいいですね。

逆に日が昇ってから寝ていると疲労感が抜けにくいようです。

ただ、実際そのように過ごすとなれば、現代人にはなかなか難しいとは思いますが、心がけるだけでも違うと思います。

ここで、私自身が心がけている生活習慣を参考にお伝えいたします。

まず糖は極力摂りません。

生活から糖を遠ざけると体調がかなりよくなり、体が軽くなります。

日常生活においてさまざまなお付き合いのある中、避けられぬこともあるでしょう。

私自身、大量ではなくとも常日頃は摂らない量の食事や糖を摂ってしまうことがあります。

そんなときは、翌日は食を断ち、洗腸などで早急に体内排泄を行うことを常としています。

睡眠時間は諸説ありますが、7時間程度がいいようで、それ以上でも以下でも体調が崩れていきます。

夕食の時間は、夜就寝する前でしたら遅くとも3時間前。

摂食物の消化時間が18時間かかると考えれば、夜の食事から翌日の1食目までの間は16時間、できるなら18時間程度あけることを心がけております。

1日をとおして心がけていることは、水は2リットル程度、油は中鎖脂肪酸のMCTオイルやココナッツオイルをかなり多めに摂るようにしています。

すると便通もかなりスムーズになりますね。

ちなみに、どうしても糖を摂るなら、吸収率の下がる夜寝る前の時間がいいという説もあります。

　個人的には朝、起床時の体調がかなり重く感じられ、血糖値が上がる傾向もあることからあまりおすすめはいたしませんが、就寝前の糖分摂取は吸収率が下がるというのはどうも確かなようです。

股関節の話

私のところを訪れる方は、やはり腰まわりの不調改善を希望される方が多いですね。そして、皆さまのほとんどが腰からヒザにいたる筋肉とじん帯が外側へズレているようです。

腸の荷重と連動する股関節のズレによって腰痛にいたる方が多く見受けられます。股関節の位置が整うと、下半身と上半身を行き交う血の流れがよくなります。そして、お腹が硬く仰向けでも形の変わらない方は、お腹がゆるむと、お腹がへこみ股関節もゆるみます。

人体はいろいろと連動し、バランスを保っているのです。

股関節のズレといいましたが、経年のせいのみではなく、滞留便を含んだ腸の重みが原因で股関節が広がっちゃっているのです。

股関節と足のじん帯はつながっていて、股関節が広がり、正常なポジションからズレると、Ｏ脚やがに股になったりします。

反り腰になる人もいますし、それが腰痛につながっていきます。

スポーツ選手には、選手生活が長くなるにつれ、腰がズレて股関節の位置が変わり、それが原因でケガをして引退を余儀なくされる方も多いようです。

そんな点から考えますと、三浦知良選手やイチロー選手は股関節からヒザ、そして足にいたるまでのつながりがとても美しく見えます。

彼らに共通していることは、選手としての活動期が平均的プレイヤーよりも長く、スランプやケガも少ないということではないでしょうか？

サッカーの長友佑都選手の脚もきれいで、おそらく長く現役でいらっしゃるだろうと感じます。

きっと前述の皆様は食事にかなり気を付け、内臓の状態を良好に保つように努力していらっしゃると想像しています。

食事のみならず睡眠など生活態度も含めて、すごく体をケアしておられることがうかがえるのです。

聞いたところによると、長友選手は専属のコックを付けているようですね。

食事面でのマイナスを抱えていると、体の内側から崩されてしまうことがあるので、なかなか運動だけでは解消できないのです。

スポーツ選手ですから、ある程度食べないと試合には臨めないですけれども、本当に食べ過ぎず、体の内側、外側両面からのメンテナンスを欠かさずに実行されていると思いますよ。

イチロー選手は引退されましたけれど、今でも相変わらず脚がきれいですものね。

スポーツ選手

スポーツ選手についてもう少し話します。

スポーツの中でもサッカーは体をねじる運動が多く、過剰な負担が腰にかかる競技です。

しかし日常的に腰にすごく負担をかけていても、その負担に選手の体が慣れてしまい、痛みを感じないということがあります。

感覚や神経がマヒしているといえます。

こわいのは彼らの引退後です。

今まで激しく動いていたのに、引退後急に体を動かさなくなると、もともと血流が滞っていたのがさらに滞るので体が重たくなります。

現役中、たくさん体を痛めつける動きをしてきたけれど、体は動かし続けていたので血流が保たれ、バランスが維持されていました。

それが体を動かさなくなるので、バランスを崩してしまうのです。

先ほど出てきた、サッカーの三浦選手。盟友だった中山雅史さんとは、三浦選手のほうが1つ学年が上。

なぜ三浦選手がいまだに現役で、中山さんが引退せざるをえなくなったか。

それは、三浦選手は故障が少なかったからではないでしょうか。

明らかなのは、彼らが立ったとき三浦選手はヒザが真っ直ぐなのに対して、中山さんはヒザが外側へゆがんでいました。

引退するときの脚を見ると、多くのスポーツ選手はヒザがゆがんでいます。

イチロー選手は現役期間が長かったですが、ヒザから下がとてもきれいに見えました。

洗腸していたかどうかはわかりません。

ですけれども、ヒザから下の乱れがないんです。

フィギュアスケートの羽生結弦さんがケガする直前、ヒザがゆがんでいました。

高橋大輔さんも同様です。

２人ともヒザ、足首に不安を抱えていたと聞きました。
なぜヒザのゆがみが生じたのか？
おそらく滞留物を含めた内臓・腸内バランスの不調も原因の一つだと思います。

ストレッチの弊害

股関節を含め、体をやわらかくしようとストレッチに励む方はたくさんいます。

「180度ベターッと開脚しよう！」なんて内容の本も売れましたよね。

まず単純に体が硬いと、股関節はズレにくいといえば、ズレにくいです。

ガッチリ固まっていますから、可動域が限られて、ズレにくい。

そこを無理やりストレッチすると股関節がズレて、戻せなくなる可能性すらあります。

股関節などの柔軟性は先天性の部分もあり、もともと股関節が硬い人も多くいらっしゃいます。

だから、「180度ベターッと開脚できるのは当然で、そうでなければ不健康」だなんて決して思わないことです。

ベターッと開脚できないのは頑張りが足りないから、とかではありません。

お伝えしたとおり、ストレッチには危険なこともありますし、無理やりやわらかくする必要はないと思いますね。

そもそも女性特有の横座りは、男性はほとんどできないです。

女性は何気なくペタッとお座りをされるじゃないですか？

ほとんどの男性は股関節が硬いため、痛くてできません。

骨盤の仕組みが男女でちょっと違うのが原因ともいわれています。

それなのに無理をして強制的に負荷をかけると、硬くて固まった股関節はときに音を立てて壊れます。先に説明したコンクリートのビルのように。

股関節がやわらかいのはいいことなのですが、もともと硬い人が無理に力を加えると壊れます。ポイントは「無理やり」というところです。

ストレッチは体にいいとされていますけれど、それはそれで弊害もあります。

基本的に、開脚は生活に支障がない範囲でできればよいと思います。１８０度開かなくてもいいのです。

前屈も、その人なりで十分。地面に手がつかないことによって、日常生活に困るということはないでしょう。

困らないものはそのままでよろしくないですか?

前項でお伝えしたように、股関節がやわらかくなったら、下半身と上半身を行き交う血の流れがよくなり、便通も比較的いい傾向にあるというのは事実です。

ただ股関節や太ももの裏が硬いからといって、別に血流が滞るわけではありません。

だから、それらの部分がやわらかいにこしたことはないのですが、無理やり股関節をやわらかくしようとした結果、股関節が壊れてしまったら元も子もありません。

股関節は体にとって大事な役割を果たす、決して壊してはならない重要な部位なのです。

来舎された方のお一人に足首の捻挫がずっと治らないというアスリートがいました。

捻挫とは、じん帯が伸びてしまっている状態です。

最初に痛めたときには、おそらくじん帯に傷がついた程度だったのだと思います。

しかし十分に治らないまま何度もくりかえしていると、じん帯が伸びて、ズレやすくもなり、戻ることができなくなってきます。

じん帯を傷めたとき、同時に筋肉も傷んでいます。

いわば炎症を起こしている状態。

炎症が起こった後、その箇所は必ずといっていいほど硬くなってしまうのです。

この例は足首の捻挫に限らず、体のあらゆる部分においても起こりうる、体のメカニズムです。

当然、腰にも股関節にもそれは当てはまります。

股関節とふくらはぎ

何年か前に、健康になりたければ、ふくらはぎをもむといい、という内容の本が出ていました。

じつは、お腹を触る（仕術する）ことで、ふくらはぎもやわらかくなります。私のみた範囲では99パーセントの人がそうです。

ふくらはぎがやわらかくなるということは、下から上に血流が上がっているということです。

ふくらはぎの硬さは、股関節の硬さに起因していることがけっこうあります。

滞留便を含んだ腸の重みによって、もしくは何らかの原因によって結果的にズレた股関節は、仕術後に元の整った体の位置に戻ると、交通渋滞が解消されたかのように血流がよくなり、ふくらはぎが本当にやわらかくなるのです。

滞っていたふくらはぎの血流が通りはじめたということです。

このことに気付き、確信を得たのはここ数年のことです。

結局、股関節のズレがボトルネックとなり、ダムのように大きく流れをせき止めていたのですね。

ふくらはぎもそうですが、体はあらゆる部分が直接的・間接的につながり、全体で影響しあっています。

よくなった血液の流れは体全体に好影響をもたらし、その結果、腰も肩も頭も楽になるのです。

やわらかいベッド

腰痛もちの人に、やわらかいベッドや枕は人気ですが、私としてはおすすめできません。

硬いところに寝ないと、体は整体（重力に対して正当かつ症状の出ないバランス）へ修正ができないのです。

本来、体圧で体は自然に整体へ戻るのですが、やわらかいベッドはそのやわらかさで体圧を抜いてしまう。

一瞬、腰まわりの筋肉がゆるむような気がするけれど、ゆるんだ分の負担はどこにいくのか。

ベッドの中に沈んでいくのですが、寝返りが打てず今度は腰以外の違うところに負担がかかってきます。

体圧により整体バランスをとるという、体の修正ができなくなってしまうのです。

やわらかい枕も同様に不調の原因となりえます。

おすすめしたいのは、木でできた硬い頸椎枕です。

これを使うと寝ている間に体が修正、調整されます。

私の話ですが、かつてスタントマン時代に、さんざん首を痛めていました。

危険なスタントで何度も頭から落っこちていたのが原因です。

慢性的にズレてガチガチの状態の首が、この頸椎枕を使用して治りました。

本当に人体は不思議です。

痛めた首は、常に痛いわけではないのです。

体は患部周辺の筋肉を固めることで、なるべく私に痛みを感じさせないようにしてくれているのでしょうね。

激しい痛みを抱えたままでは生活できません。

一生懸命、体は個体を生かそうとしてくれているのでしょう。

体の反応というのは、何があっても生存のための選択でしかなく、生存するために一番楽でいい状態を「体が」選択するものです。

疒（やまいだれ）に正しいと書いて「症」状。ある意味においては、体が正しいと判断した選択自体がもうすでに、病気の始まりだと言えなくもない。

病気とは、症状とはいったいなんなのか、そんな悩ましさも感じます。

呼吸と姿勢の話

快適な姿勢で日々生活するのは、とても大事です。

しかし、これも腰痛の改善の話と基本的に同じですね。

ポイントとなるのは内臓。

内臓や腸の調子が悪いから姿勢が悪くなるのですが、腸内環境をよくすると同時に垂れ下がったお腹を持ち上げることは姿勢矯正にもつながります。

ここで正姿勢（重力に対して正当であり、力が抜けている状態の姿）になる簡単な方法について、少しだけお伝えします。

事実として、立っている人の体には、重力の影響で上から下の方向へ力が働いています。

ですから、正姿勢としては、その重力に反発するように上向きの力が必要となります。

では具体的な方法です。

まずはお尻の穴をぎゅっと締めて、仙骨を立て、恥骨を前に出し、息を吸いながらお腹に手を当て、お腹の中身を肋骨の中へ押し上げます。

お腹をへこませるのではなく、持ち上げるのです。

次に、肩甲骨を後ろに、背骨に寄せるように下方へ落とします。

その状態を普段から常態として維持していれば必然的に腸は引き上げられ、姿勢もよくなります。

骨盤の中、もしくは、骨盤からはみ出ているお腹の肉を全部上に持ち上げる感覚ですね。

腹筋の筋肉量は関係ありません。

そもそも、お腹の筋肉で持ち上げようと思っても脂肪は上がらないものです。

呼吸は、最初、手の補助を入れながら少し息を吸う感じ。

強く吸うと、腹式呼吸のようにお腹が前に出てしまいます。

そして吐くときにお腹全体を持ち上げる。

息を吐くとき、横隔膜は上に縮むので腸を持ち上げやすいです。

お腹を伸ばすようにして生活していると、自然に姿勢がよくなっていきます。

ちなみに、呼吸は鼻からゆっくり吸ってゆっくり鼻から出す、長く吸って長く吐く、です。

呼吸法はいろいろありますけれど、姿勢がよくなれば自然と呼吸もよくなり、楽になるものです。

◆ 正しい姿勢は美しい ◆

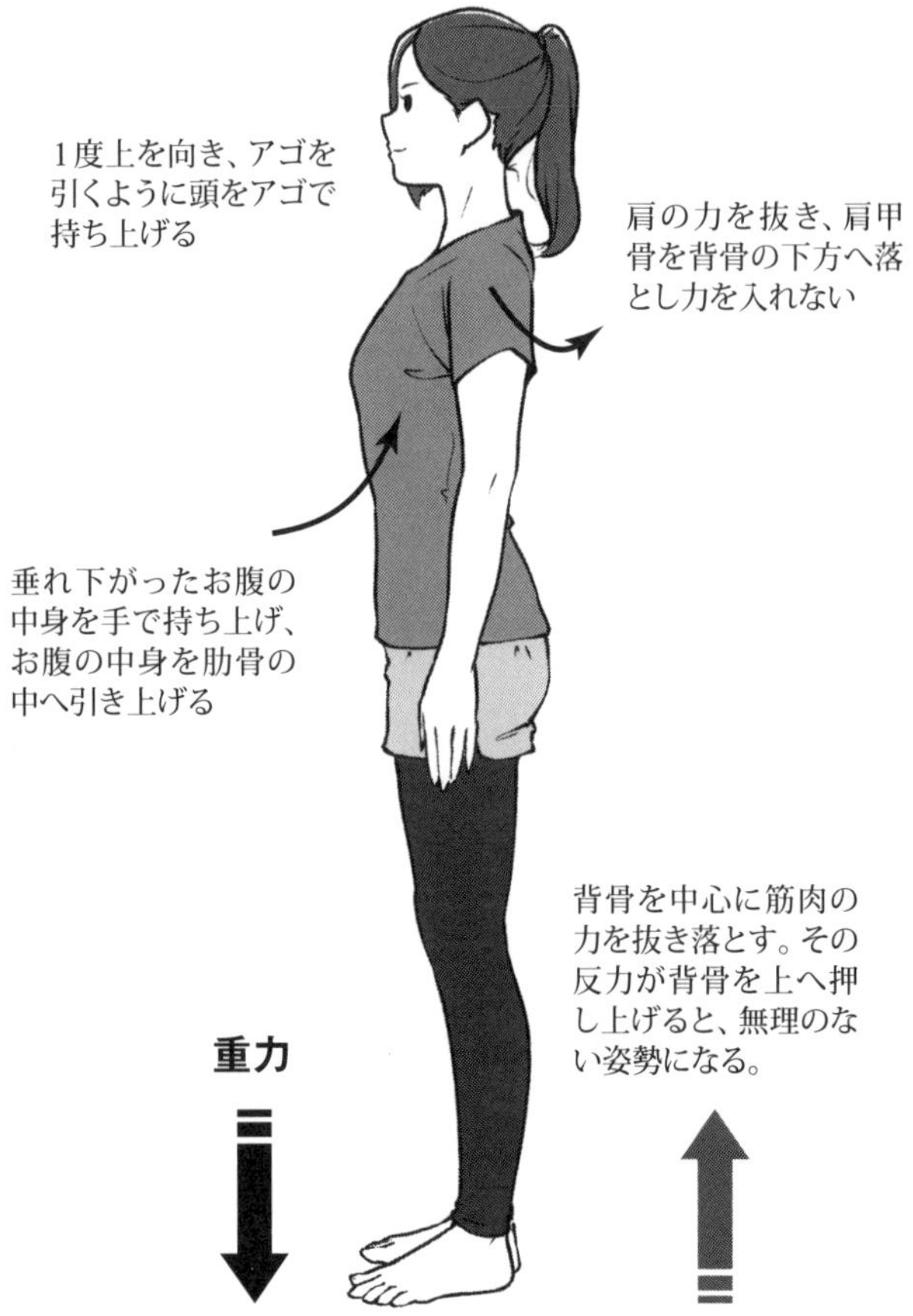

1度上を向き、アゴを引くように頭をアゴで持ち上げる
肩の力を抜き、肩甲骨を背骨の下方へ落とし力を入れない
垂れ下がったお腹の中身を手で持ち上げ、お腹の中身を肋骨の中へ引き上げる
重力
背骨を中心に筋肉の力を抜き落とす。その反力が背骨を上へ押し上げると、無理のない姿勢になる。

歩き方のポイント

長年の経験から感じていることですが、多くの不調者は体の芯、体芯が弱いようです。体幹ではなく、芯です。

体幹とは体の軸のまわりにある筋肉のこと。体芯とは体の軸の中央にある点のようなもので、体芯の強さが体のバランス力に関係しています。

体芯の弱さは、体の土台である、骨格のゆがみにもつながります。骨格がゆがむと、内臓や筋肉の位置もズレてしまいます。

では、なぜ体芯が弱いのでしょうか。

その一因として、歩いていないことが挙げられます。歩いている量が昔の人に比べて圧倒的に少ないからだと考えられます。

歩くという動作は全身の筋肉を使うので、自然に体芯が鍛えられ、それに伴い、体軸もできてきます。

しかしながら、日頃よく歩いていたとしても負担の少ない歩き方ができている人は少ないように見受けられます。

内股で足をこするように歩いていたり、逆に、がに股で足を投げ出すように歩いていたり、前のめりに頭を上下させながら歩いている人が少なくありません。

これでは本来使われるべき筋肉が使われず、体にしっかりとした芯をつくることができません。

では、無理のない楽な歩き方とはどういったものでしょうか。

一言でいうと、足を出して歩かないことです。

前項の姿勢をとったうえで、足を出して前に進むのではなく、体全体を足で押し、背中で歩くイメージです。

歌舞伎や能の歩き方に似た感じです。

足の力で歩くと体が上下左右に動きがちですが、腰から背中を押し出すようにして平行移動する感じで歩くのです。

太ももを上げない、太ももに力を込めない歩き方です。

歩いていて、足の太ももの筋肉にテンションを感じたら、それは足の力で歩いてしまっている状態です。

誰かに背中を支えてもらいながら、もしくは押してもらいながら歩いている感じをイメージすると、やりやすいかもしれません。

車でいえば、前輪駆動ではなく、後輪駆動です。

重心は前体重でも後体重でもなく、目線は正面、遠目です。

アゴは少し引かれている状態になりますね。

余談ですが、アゴを引くことで筋肉の連動が上手くいきます。それは、体が１つにまとまるからです。

歩くのと、ジョギングするのとではどちらがいいですか、と聞かれることがよくありますが、ジョギングはどうしても上下運動になるので、ヒザへの負担が大きいですね。

ヒザへの負担を考えると、走るより歩くほうがいいです。

正しい歩き方

正姿勢になった上で、仙骨を後ろの足で持ち上げるように歩くと、スーッと平行移動するように歩ける。

足の力で歩かない

メンタルの要素

考え方、気持ちの持ち方によっても、健康状態は大きく変わります。

病は気から、というのは本当で、気持ちの持ち方は大事です。

その気持ちの元となるのも食事なんです。

疲れているときに甘いチョコレートを１つ食べると、なんともいえない幸福感を感じますが、糖質を多く摂ると肝臓が興奮状態となり、アドレナリンがたくさん出ます。

そして、糖質を摂りすぎると短気にもなります。

くどいようですが、糖質は出来るだけ多く摂らないようにしたほうがいいです。

日々、生活していれば嫌なことはたくさんあります。

だからイライラすることは避けられませんし、そのきっかけは自分以外の誰かの言動であるかもしれません。

しかし、ちょっとしたことで激しく怒りだすというのは、結局、自分の中の血のコントロールができていないということです。

腸が重たいと頭も重くなり、感情が重くなって言葉も乱雑になります。

感情の起伏というのは糖質の加減によって引き起こされるケースが多々あります。

糖質が過剰に体の中にあることによる興奮状態、それがなくなると飢餓感につながります。


飢餓状態は人を攻撃的にもさせます。

その人の行動原理がどこから来るかというと、ほぼ食からなんですよね。

日頃何を食べているかということによって、感情も揺さぶられるところが違ってきます。

糖質を多く摂っている人は、どうしても攻撃的になりやすく、病気にもかかりやすいようです。


さきほどアドレナリンという言葉が出てきました。

スポーツの世界でよく聞く言葉ですね。

「アドレナリンが出まくって、勝てました」なんていうスポーツ選手のコメントを聞いたことがあるかと思います。

アドレナリンって、なにかとても万能感のある、勇気のかたまりみたいなものに感じてしまいますよね。

アドレナリンとはホルモンの一種で、生命の危機というような状態になったときに交感神経を刺激し、副腎から分泌されます。

血圧・脈拍・血糖値を上昇させ、心身を興奮させる作用があります。

しかし、アドレナリンは邪魔だ、いらないという一流のアスリートもいます。

真剣勝負には、むしろかなりクール、興奮していない状態が望ましいということでしょう。

アドレナリンは過剰に出ると、不安・イライラを感じやすくなり、やたら攻撃的な態度を取ったりすることも少なくありません。

アドレナリン自体は決して悪いものではないですが、アドレナリンを冷静にとらえる必要があるかと思います。

スポーツやビジネスの大一番というときに、気合いを入れるためエナジードリンクを飲む人もいるでしょう。

このエナジードリンクに含まれるカフェインはアドレナリンの分泌を促します。一言でいえば興奮状態にさせます。

お伝えしたとおり、アドレナリンの過剰分泌にはマイナス面があります。

またエナジードリンクに含まれるカフェイン自体も過剰摂取した場合、めまい、心拍数の増加、興奮、不眠、さらに下痢や吐き気、嘔吐することもあります。

アメリカでは、エナジードリンクの過剰摂取で子どもが亡くなり、訴訟問題に発展しているという事実もあります。

アドレナリンとエナジードリンクに共通するキーワードは、「興奮」です。

興奮が「健康」「人生」にとっていいものかどうか、冷静に見極める必要がありますね。

人生哲学

世の中には「どうすればいいんだ」という難しい問題がたくさんあります。

しかし、私自身、自分には分相応の問題しか降りかかってこないと思っています。

自分で解決できない問題は自分には来ない、と。

起こった問題というのは、自分が行った行動の結果、生じたもので、それが理解できていれば動じることなく、自分でなんとかできるだろうと思っています。

実際、政治や消費税の相談は決して私には来ない。

人間を長くやっていれば、体の問題や対人関係の問題をはじめ、本当に悩ましいことがいくつも訪れます。

そのときに自分で対処しきれないと思うから、動けなくもなってしまう。

自分で対処できない問題は絶対来ない、自分でなんとかできる、人の力を借りずとも――そう思っていれば、必要以上に攻撃的になることもないですし、エナジードリンクを飲んで意図的に興奮する必要もない。

冷静に落ち着いて対処すればいいんです、捌《さば》いていけば。必ず解決できるものです。

結局は最悪死ぬだけだから別にいいじゃんって、いつも思っていますよ。

私はかつてスタントマンをやっていた時、どんなことだって最悪死ぬだけだからいいやって考えていましたね。

運が悪ければ死ぬだけで、生きているだけで丸もうけ。可能性は無限大です。

苦しいとき、お酒を飲んで忘れようとする人もいます。

アルコールも糖が多いですからね。

お酒は百薬の長とかいいますけれども、素材の内容からもそれはないでしょうね。

まれに私もお酒を飲みますけれど、せいぜい1～2杯。大量に飲むことはないですね。

お酒を飲んで憂さを晴らすという習慣を持ち合わせていないのです。

私の場合、面白くないことがあったとしても、本を読んだり、アニメでも見れば忘れられます。

最悪どうしても嫌なことがあったときは、料理をすれば気持ちも整理できます。ある種の創作活動ですね。

私にとっては料理ですけど、人によってパズルだったり、詩を書くことだったりするでしょう。

要するに意識を他のことへ向けて、違う想像力を掻き立てられるようなことをやっていると落ち着くものです。

頭の中の大半を占めている嫌なことに対して、執着しないのが大事なんです。起こりもしないことを想像するような妄想と執着は、健康にも全然よくないです。

仮に人生つらくてしょうがない、自殺したいなんて人が現れたら、「じゃあ、死ねば」って結構簡単に言ってしまいます。

もしいやだったら、死ななきゃいいじゃんって。

「でも苦しいんですよ」とくれば、

「生きることは辛いことです。辛いにふたをして幸せになるものですよ。苦しいというのはそれだけで生きているということです」と伝えています。

それでも悩める方には、「とりあえず風呂に入って熱い味噌汁を飲め」とか金八先生（古い！）みたいなことも言わず、黙ってひもを首にかけてお持ち帰りいただきます（嘘です）。

ただ、そこまで追い詰められている方も稀《まれ》ですよね。

「死にたい」って言ったら、

「後のこと考えてますか？　葬儀代いくらかわかってます？　借金ありますか？　残された人が辛い思いするんで」と問いますね。

「そのあたりのこと考えて死ぬんだったら、誰にも迷惑かけなかったら、死んでもいいんですか」と言われたら、

「生きてるだけでもみんな迷惑かけてますから」と伝えています。

本当にこんなこと言いますから、非情な人だと思われているに違いありません。

この前も、「こんなだったら死んだほうが楽」と嘆く、心身ともに不調のある年配の女性にこんなことを言いました。

「で、ここに来たのは生きたいからでしょう。どうせ迷惑だからとか言っていないで、

今まで迷惑かけられてきたんだから、今度は自分が迷惑かけてもいいじゃないですか」

自殺をほのめかすような人は、苦しい状況を生きているのだと思うけれど、実際は、死にたいのではなく、今ある苦境から逃れたいのでしょう。

だけど、逃げても何の解決にもならないとわかれば、逃げようがないですよね。

あなたには、あなた自身に解決できることしか起こりません。

ちゃんと向き合えば問題は解決するものです。一瞬、難しそうに思えるかもしれないけれど。

第5章　さまざまなケース

これまで本当にたくさんの方と出会いました。

その数は30万人を超えています。

その中で腰痛のテーマに限定せず、印象的だった方のエピソードをお伝えしていきます。

CASE1――ヒザの痛みを抱えた男性

40代男性のAさんはヒザを痛めていました。

私の仕術を受けるのをとても楽しみにしていたようで、私と他の整体師の違いをより強く実感したいとの思いから、私のところに来る前に別のストレッチのお店に行ってきたと言います。

ちなみにAさんはそれまでストレッチ店に行ったことはなかったそうです。

ところが、その初めて行ったストレッチ店の治療で、体をより痛めてしまったのです。

私が体をみると、ヒザから股関節にいたるじん帯が、通常の位置から外れ、おかしなことになっていました。ヒザも強烈に大きく腫れあがっていました。

その整体師さんのストレッチがよっぽど強引だったのか、少なくともＡさんの体には強すぎるストレッチだったのでしょう。

私のところに来たときは、歩行困難な状態でした。

それまではヒザが痛いといっても、歩けないレベルではなかったのです。

よく聞くと、Ａさんはもともとヒザの不調だけでなく、脳梗塞で倒れたことがあると言います。

ヒザのこともそうですが、体を全体的に改善する必要があるだろうと思い、Ａさんには仕術するとともに、この本で述べてきたような食事療法や断食、洗腸などのアドバイスをしました。

その後、Ａさんは１カ月半ほどで15キロ痩せました。姿勢もよくなりました。

痩せることはヒザへの負担を軽くする意味でいいことです。

歩行に関しても、何回かの仕術を重ねて、杖なしで普通に歩けるほどになりました。

やっぱり改善のスピードって、体の状態のいいほうが回復は早いんですね。

このAさんに関して、もう一ついいことがありました。

じつは、Aさんは体臭がけっこう強かったのですが、それがなくなったのです。

それまでは外国人のようにお肉中心の食生活だったのでしょう。

本人に自覚がないだけで、Aさんはもともと体調が悪い人でした。

太めの方ではありましたが、どちらかといえばむくんでいる感じ。

血流がスムーズに流れず詰まるような、そんな食生活をしてきたということです。

脳梗塞で倒れたことがあったというのも、さもありなんです。

Aさんの体臭が消えたのは、食事制限を始めて2カ月くらいのときでした。

そして現在、Aさんは不食生活を行い、1週間に6時間だけ好きなものを食する生活を続けています。

ただ、個人的な意見を言わせていただきますと、Aさんは運動量が足りていません。筋肉の低下とともに、生活反応や思考能力の低下、体温の低下、体の各所の機能停止の恐れも否定できず、過度な断食は避けていただいたほうがいいと感じています。

ＣＡＳＥ２――パーキンソン病の女性

80代女性でパーキンソン病のＢさん。

パーキンソン病は、脳が体を動かすための指令を調節するドーパミンと呼ばれる物質が減ることによって起こる病気で、振戦（ふるえ）、動作緩慢、筋強剛（筋固縮）、姿勢保持障害（転びやすいこと）が主な症状。

なぜドーパミンが減るのか、はっきりした原因はわからないとされています。

Ｂさんは病院でパーキンソン病と診断されましたが、治療に関しては、主治医の先生もお手上げの状態。

よくなる兆しはなく、もうどうしようもなくなって私に助けを求めてきたというわけです。

Ｂさんのもとを訪ねると、Ｂさんは手足がふるえ、痛みもあったようでイスから自分で立ち上がることもベッドで横になることもできない状態。

なので、イスに座らせたままで仕術しました。

仕術といっても、イスに座ったままのBさんのお腹を20分間ただ持ち上げていただけ。

そして、歩いてくださいって言ったら、Bさんは立ち上がれました。

それが1回目の仕術で、半年後ぐらいにもう一度Bさんのもとを訪れたときは、状態はもっとよくなっていました。

一人で歩いて、ベッドにも寝られる状態になっていたのです。

仕術の内容は1回目と同じですが、2回目はとてもやりやすかったです。

どういうことかというと、小腸とか大腸とか内臓の臓器の〝景色〟がはっきりしていたんです。

1回目のときは、なんというか臓器がひと塊になって、臓器と臓器の境目が見えにくかったんです。

それが2回目のときは、一つひとつの臓器がちゃんと分かれていたんですね。

もともとBさんは細身の方で、お腹まわりに分厚い脂肪があるわけじゃない。

だから、仕術しやすいタイプの方ではあるんですけれど、それでも１回目のときは、やりづらかった。

なぜ臓器の境目が見やすくなったのか。

その理由は、臓器の糖化が抜けていたということです。

内臓の糖化が進むと、臓器と臓器がくっついて、１セットみたいになっちゃうんですね。

これだと仕術しづらい。患部のピンポイントの場所がわからないんです。

１回目の仕術で立てるようになったＢさん。

その時、やる気の〝スイッチ〟が入ったようで、「立てるようになったんだから、今度は歩いてみよう」と努力されたそうです。

その努力とは、歩行訓練もそうですけど、普段の食事において極力糖質を少なくしたのです。

Ｂさんは細い方でしたが、おへその下あたりだけ妙にポコッと膨らんでいました。

いわゆる、ぽっこりお腹。

1回目の仕術でただお腹を持ち上げただけといいましたが、もう少し詳しくいいますと、下がっているBさんの内臓を持ち上げて腸周辺の血流の誘導を試みていたのです。雑談をしながら。

垂れ下がっていた腸を持ち上げて血流を呼び込むと、腸が動きはじめ、血流がさらに入ってきます。

そうすると体の回復力は上がってくるのです。

もちろん、腸が垂れ下がっている理由は便による荷重です。

Bさんは痩せ型なのに、便が多く滞留し、下垂状態だったんです。

CASE3――〝滞便女子〟

30代女性のCさんは、大変な便秘持ちで、血流の悪い方でした。

Cさんのお腹はボーリングの球でも入ってるかのように硬く、まったく血が通っていない感じでした。

足つぼを押してみても、まるで痛点がないみたいに全然痛がらない。

徐々に痛みが出てくるんですけど。

そんなCさんは、最初足が痛いといってやってきました。

話を聞けば、肩こりだったり、体がだるかったり、夜眠れないとかの症状もありました。

慢性的な不調で、どこがというより、とにかく体全部が調子悪い。

Cさんもスレンダーなんだけれど、やはりお腹の下だけぽっこりしている。

他のところはガリガリといってもいいくらい痩せている。

まさに〝滞便女子〟です。

仕術としてはまず、お腹に手を差し込んでみました。

すると、お腹が硬くて奥まで手が入らない。

その硬さの原因は固まった便でした。

私の仕術では、お腹の奥のじん帯や筋肉にアプローチするんですけれど、お腹の前面に硬い滞留便の塊を含んだ腸が定着していて、筋肉に触れられないんです。

もう大変な状態。正直、困っちゃいました。こんなことは稀です。

それでも便を持ち上げることを何度も繰り返していると、Cさんが最初は触っても痛がらなかったお腹にやっと痛みを感じるようになったんです。

血流が通って痛みが出た。

冷たくて硬かったお腹がゆるみはじめたんです。

やっとじん帯に手が届いた頃には、Cさんも絶叫。

お腹がやわらかくなり、血流が通ってくるに従ってだんだん痛みが増し、変な言い方ですが、元気な状態になって帰っていきました。

要はお腹の交通渋滞が解消されたということです。

痛みを感じない女性から、痛みを感じる女性になったCさん。

前にもお伝えしましたが、今まで血流が通ってなかったところに、血流が流れ込むと痛いんです。

でも、その痛みは健康に近づいている証拠。

血流が全身をくまなくスムーズに通っているのが本来の体であって、Cさんのように、体のある部分にその流れをせき止めるものがあると、体にはさまざまな不調が現れるものです。

CASE4――クラシックバレエの先生

私の仕術を受けるとたいてい皆さん、絶叫して痛がるのですけれど、中にはそうでない方もいらっしゃいます。

50代女性のDさんは、クラシックバレエの指導をされている方です。

Dさんは仕術のとき、痛みを表に出しません。

痛みは多少感じているのですが、それよりも仕術によって感じられる体の変化に興味・関心があるようなのです。

Dさんはさすがクラシックバレエの指導者だけあって、基本的に体のメンテナンスをしっかりされています

糖化とか腸の滞便とかも感じられましたが、ほんの少し。

一般的な生活をする分には十分健康な人で、血流の滞りもなく、ちょっとした体の変化にもとても敏感です。

だから、Ｄさんに対する仕術は、全身に張り巡らされている糸一本一本に調律をかけるような繊細な感じになりました。

Ｄさんが私のところに来たのは、ヒザの可動域が狭くなってポーズがとれないということからでした。

仕術中も、体のどの部分にどういった感覚を感じているかなどポイントを細かく説明してくれます。その繊細さたるや、さすがプロフェッショナルです。

仕術が終わった後、本当に何十年ぶりかに自分の体が戻ってきたと言っていました。

先日もＤさんは、今までやったことがない新しいポーズをやっていたら、股関節を痛めたといってやって来ました。

そういう突然の故障はたまにあるにせよ、自分で自分の体をコントロールできるようになっているのは素晴らしいことです。

CASE5——パスタお化け

20代女性のEさんは、私の健康法を日々実践されている方です。

特段大きな不調を抱えているわけではないのですが、この本でお話ししてきた健康法を行い、健康を維持しています。

以下、Eさんの言葉をそのままお伝えします。

先生（著者・米澤）に出会った頃、私は誰かにとりつかれ、何者かが肩の上に乗っているかのような重さを体に感じていました。

生理も1カ月遅れるとかは普通だったし、1週間か2週間に1回しか便が出ないぐらいの重度の便秘だったんです。

先生に出会って、食事改善、断食、洗腸の話を聞き、すぐに実践。

1カ月半ぐらい続けた頃、体が一気に軽くなり、〝誰か〟がいなくなりました（笑）。

そこからは、食事にも本当に気を付けるようになりましたね。

そのうちパスタとか食べた後に体が重いと感じるようになり、「ああ、今まで感じていた重さはこれだったんだな」と思いました。

肩の上に乗っていたのは、人のお化けじゃなくて〝パスタお化け〟でした。

体のだる重さの原因がずっと何かわからなかったのですが、一度炭水化物をやめてみて、腸をきれいにしてから、改めてそういうものを食べたとき、はっきり理由がわかりました。

私の中で、食べると調子が悪くなる一番の最悪な料理はパスタですね。

カレーも重い。ラーメンははっきりと重い。

小麦粉類はほとんどダメ。

お寿司はまだましだけど、安いのを食べると重くなります。高いのは不思議なことにそれほど重くならないですね（笑）。

焼肉はそんなに重くならない。ただ、和牛とか脂身いっぱいの肉は単純にお腹がもたれます。

ステーキは赤味が多いやつなら大丈夫。

あと果物が自分に合わないというのがわかりました。フルーツ全般です。

飲み物でいうと、コーラとかジンジャエールとかはダメ。

ビールは多少重くなるくらい。

牛乳はお腹が張っちゃう。

お水はＯＫ。

お茶とかコーヒーとか飲むと、のどが渇くようになりました。

先生から、「お茶とかは利尿作用があるので、その分、体の水分を持っていかれちゃうよ」と言われて、たしかにと思いましたね。

結構お水を飲むようになってから、お水以外の飲み物を飲んでも、のどが渇いちゃうようになりました。だから水分補給はお水の一択です。

私の家族の食卓はもともと糖質が多かったのかもしれません。

父が糖尿病でしたし、過去に姉は線維筋痛症と診断されました。

そもそも糖の処理がうまくできないような体質の家系だったのかもしれません。

先生に会ってなかったら、もしかしたら私は今頃、糖尿病とかの病気になっていたのかな。危ないところでした（笑）。

食事を注意することと洗腸は毎日しています。

お風呂に入って体を洗うぐらいの感覚で、お腹の中も洗っています。

洗腸を始めて体の中の汚さを実感してから、やらないほうが気持ち悪くなっちゃいました。

じつは体重はそんなに変わっていないんです。

友だちからは一気に痩せたねって言われました。体のむくみが取れた感じがするので、そのせいかな。

私、しみやそばかすが昔から結構あって悩みだったんですけど、それも薄くなってきました。

あと皮膚も強くなった気がします。

というのも、日焼けしにくくなったんです。

これまでは夏とかになると、外で洗濯物を干す15分間で真っ黒になっちゃうくらい焼けやすい体質だったんです。
日焼け止めをべたべたに塗ってもすごい焼けちゃうくらい。
それが今は日焼け止めをまったく塗っていないのに、全然日焼けしなくなりました。
不思議なことに。

CASE6——米澤流健康法で性格が変わった

30代女性のFさんも、CASE5のEさんと同様、私の健康法を日々実践されている方です。

やはり特段大きな不調を抱えていた方ではありません。

Fさんの場合、健康面のみならず、生き方や性格にも大きな影響があったと言います。

Fさんの言葉をそのままお伝えします。


私は子どものころから運動もしない、超インドアな人間でした。

お通じはよくて週に1回。

ずっと家の中にいるような生活をしていたので、まずもって体力がなかったです。

なんともいえない体調不良がいつもあり、インドアな生活が好きというより、そもそもそも外に出ていこうという元気がなかったのですね。

インドアといっても趣味や文化系のクラブに打ち込んでいたわけでもありません。単純に家の中にいたのです（笑）。

体力・気力のパワーが本当に不足していたのだと思います。

そんな私が変わったきっかけは、やはり米澤先生との出会いでした。

先生の健康法を実践して、体調、性格、人生が大きく変化しました。

まず姿勢、そして、洗腸を始めました。

私は幼い頃はアトピーもあり、大人になっておさまっても、肌が結構黒ずんでいたんです。それが洗腸を始めて、最初の2週間で肌の色と質感がすごく変わりました。

洗腸が毎日の生活習慣になり、食事改善もスタートしました。

もともとそんなに太っていたわけではないですけれど、1年くらいで体重も5～6キロ落ちました。

そして、糖質を1年間控えたら、一気に体質が変わりました。

糖質をやめて初めて気づいたのですが、それまで気力が出ない状況のときというのは、思うように思考が働かず慢性頭痛が続いているような感じだったのです。

腸が冷えて重くて頭に血流が回らず、ずっと酸欠状態だったのだろうと思います。

それがなくなり、頭がすごくすっきりしました。

ただ、もともと糖質は中毒といっていいくらい好きだったんです。

今はさすがに糖質が体に合わないというのが自覚できましたが、そうはいっても、もともと私は〝糖質中毒者〟。

パンとか食べてしまいます（笑）。

そんなときは、しっかり洗腸して、体内にできるだけ残さないようにバランスをとっています。

正直、姿勢と食事、便通を改善するだけでこんなに変わるのかとびっくりしました。

米澤流健康法を実践してみて、本当にいろんなことがいい方向に変わっていったのですが、一番大きく変わったのは、私自身の性格です。

私、無口でいわゆる暗い人だったんです。

人と話すのが苦手で、コミュニケーションもうまくとることができなかったんです。

はっきりいえば、本当に人嫌いでした（笑）。

日頃から、いかに人と接触する機会をなくすか、みたいなことを考えていました。

それが今は、自分でも信じられないくらい、明るくアクティブになったんです。

人と接するのが平気になって、今ではおしゃべりといわれています。

気持ちが前向きというか、ポジティブになったんですよ。

体が軽くなったら、心も軽くなったのです。

変な言い方ですが、自分の体がやっと自分のものになったという感覚がありました。

先生の仕術は、触れられたところから体がゆるんでいきます。

熱いお風呂に入っているかのように血が回りだして、体温が上がってきて、元気が湧き出ます。

最近はこのエネルギッシュな感覚を、先生の補助なしに、本当は自分一人で生み出せるだろうと、セルフケアにいそしんでいます。

そんなポテンシャルが自分の体にはあると感じられること、自分の体がもつ可能性を大変うれしく思っています。

おわりに

たくさんの方との出会いの中で、こんな方もいました。

ある10代の女の子は、体のしびれをずっと感じていて、それが苦しくて自殺まで考えたといいます。

原因は不明で、病院でMRIを撮っても異常なしとの診断。

その少女のお母さんは「YouTubeで見た米澤先生のところへ行って、それでも駄目だったら諦めよう」と夫に言い、娘であるその少女を私のところに連れてきたのです。

結果から言いますと、1回の仕術で、しびれはなくなり、少女の体調は改善しました。そして、少女にはしびれの原因を伝えました。

仕術中のやりとりを夫にも聞かせたいと、お母さんは録音していたのですが、「ちなみにお父さまはどんなお仕事をなさっているのですか」と私がきくと、お母さんは一言、「医者です」。

これ本当の話なんです。ビックリしますが。

他にもこんな方がいました。

ある男性は肩の状態が悪くて、もともと別の整体師先生の治療を受けていました。変な話なんですが、男性はその整体師先生から「米澤先生のところに僕は行けないけれども、ちょっと行ってどんな感じだったか報告してくれないか」と言われて、私のところにきたそうです。

なんでそんなことを、という疑問は置いときます。

とにかくその男性は整体師先生から、ストレッチの量が足りないとずっと言われていて、それでストレッチを一生懸命やっていたけど一向によくならない。

それどころか、ストレッチをやればやるほど、体がおかしくなってきたといいます。

私は「それはそうでしょう」と内心思いつつ、肩周辺ではないある部分を、肩の痛みの原因を説明しながら仕術すると症状は改善。無事に男性から肩の痛みは消えていきました。

この2つの例で私が言いたいのは、医師や整体師の方がダメということではありません。

世間一般で正しいと認識されていることが必ずしもそうとは限らないということ、そして本人の自覚がいかに回復に有効かということです。

常識的な見地とは違うかもしれませんが、不調の原因を説明され、痛みの仕組みと改善の方法を本人が納得感をもって認識することが快復の要なのです。

仕術後、「すごく救われた」「生き方が変わった」という人も多くいらっしゃいます。生き方が変わったというのは面白いですよね。体がよくなったっていうのはわかりますけど。

結局、視点が変わったということだと感じています。

なんでそういう風になるのかということがわかると、そこにフォーカスすればいいだけだから、わけがわからないところで苦労することがなくなるのです。いわば迷走がなくなる。

そうなると、やっぱり生き方も変わってくるのでしょう。

私のセミナーでは参加している生徒諸氏に対して、「技術はもちろん教えるけれど、伝えたいのは技術じゃなくて、本質の見抜き方なんです」と伝えています。

肝心なのは、本質をしっかりと理解するということ、本質を見ようとすることだと。

だから、私の言葉も安易に信じないように、と言っています。

「ちゃんと自分で検証して確認して自分の中でおさめなさい。自分が実感したものが事実ですよ」と。自分との対話ですね。

1ミリの位置の違いで人の体ってまったく違う状態になるというのが実感であり、事実です。

その1ミリを見つけられるか見つけられないかというのは、常識ではなく、感覚であり体感であると感じています。

体の不調の原因を追究していると、結果的に最後に腸にたどり着くんですね。

逆に言うと、これまでみてきた不調者のほとんどが、そこからしかおかしくなってない。

根本的なところは、やはり腸で、その腸の機能の低下と下垂が、体の重力バランスをゆがませ、腸から遠く離れた頭にも大きな影響を与え、ゆがみを誘発しています。

腸を仕術してまったく変化がなかったという方は、一人もいません。

腰痛も含めて、すべての体の不調の大本は腸。

単純にお腹の重力を相殺できればいいのです。

お腹の中にある滞留便をなくして、血流を回せば必ず回復していく――これが私が今伝えられる真実です。

最後に一つ。

現在さまざまな情報が飛び交い、その中には真実も事実も間違いも混在しています。

ですが、決して盲信しないでください。権威に左右されないでください。どんなことがあっても、身体は決して間違いを起こしません。間違えるのは常に人とその脳と行動です。だから私のお伝えしたことも含め、盲信せず、自分自身の身体の反応を信じていただきたいと思います。身体は生存のためにのみ反応し、ストレスを嫌い、楽であることを常に選択します。感情や思いではなく、反応をしっかりと感じ、「なぜ」を探ってください。症状は決して「悪」ではありません。身体が行うことを決して邪魔することのないように。すべての事象に必ず理由が存在します。

そして最後の言葉として、「生殺与奪」を決して他人にあずけることがないようにお過ごしください。

最後までお付き合いいただき、ありがとうございます。

この書が今後、皆様の何かの糧になることがあれば、今生の幸せにございます。

2023年5月

米澤　浩

著者略歴

1963年、北海道・旭川に生まれる。心肺停止にて生まれるも蘇生する。1982年、整形外科病院に勤務。医師から救急対応法を、鍼灸師・柔道整復師・按摩師からマッサージ法、骨整復術等を学ぶ。1983年、某有名アクションクラブにてスタントマンとして活動するかたわら、酔拳と訃幻流を習得。1985年に訃幻流宗家継承者となり、龍清宝の名を継承する。2002年、北海道・旭川にて「なおる」をプロデュースする整体療院「昇仙堂」を開院。現在は旭川と東京・池尻大橋「世田谷療舎」にて仕術を行っている。仕術人数は累計30万人超。また、YouTube「米澤浩ちゃんねる」で動画配信も行っており、チャンネル登録者数12・8万人、再生回数は4100万回を超えている。

著書に『「かかと」整体で絶不調がスッキリ消える！』（さくら舎）がある。

どんな腰痛《ようつう》も食《た》べ方《かた》を変《か》えれば治《なお》る！
——1日《にち》3食《しょく》、糖質《とうしつ》は大敵《たいてき》、30万人《まんにん》の証明《しょうめい》！

二〇二三年七月六日　第一刷発行

著者　米澤《よねざわ》　浩《ひろし》
発行者　古屋信吾
発行所　株式会社さくら舎　http://www.sakurasha.com
東京都千代田区富士見一-二-一一　〒一〇二-〇〇七一
電話　営業　〇三-五二一一-六五三三　FAX　〇三-五二一一-六四八一
編集　〇三-五二一一-六四八〇　振替　〇〇一九〇-八-四〇二〇六〇
写真　稲村不二雄
装丁　村橋雅之
イラスト　森崎達也（株式会社ウエイド）
印刷・製本　中央精版印刷株式会社

ISBN978-4-86581-394-4